Ernst Urban Keller

Das Grab des Aberglaubens 4

Ernst Urban Keller

Das Grab des Aberglaubens 4

ISBN/EAN: 9783744721431

Hergestellt in Europa, USA, Kanada, Australien, Japan

Cover: Foto ©Lupo / pixelio.de

Weitere Bücher finden Sie auf **www.hansebooks.com**

Das Grab des Aberglaubens

Ernst Urban Keller

Inhalt

der in dieser vierten Sammlung befindlichen Stücke.

Das erste Stück: Die sträfliche Begierde eines Christen, seine Schicksale in dieser Welt und besonders sein Lebens-Ende durch die Astrologie zu erfahren.

Das zweyte Stück: Die Wünschelruthe.

Das dritte Stück: Von dem Teufel.

Das vierte Stück: Von dem Blut- und Schwefel-Regen, auch von dem Regenbogen-Schüsselen, und desselben Wirkung.

Das fünfte Stück: Kann sich ein Mensch anderswärts, als er mit dem Leibe ist, sichtbar machen? Und: Kann man einen lebendigen Menschen citiren?

Das sechste Stück: Der Aberglaube in China und Japan.

Das siebende Stück: Von dem Wahrsagungsloose, Sieblaufen, Karteschlagen und Punktiren.

Das achte Stück: Die aberglaübische Busse.

Das neunte Stück: Das aberglaübische Feuerlöschen.

Das zehende Stück: Geprüfte Witterungs-Regeln des Landvolks.

Das elfte Stück: Aberglaübische Zeiten, Wörter und Amulete.

Das zwölfte Stück: Kurzgefaßte aberglaübische Meinungen, wobey zugleich die Ursachen ihrer Entstehung angeführt werden.

Das

Das erste Stück.

Die sträfliche Begierde eines Christen, seine Schicksale in dieser Welt, und besonders sein Lebens-Ende durch die Astrologie, zu erfahren.

Prudens futuri temporis exitum
Caliginosa nocte premit Deus,
Ridetque, si mortalis ultra
Fas trepidat.

Horatius.

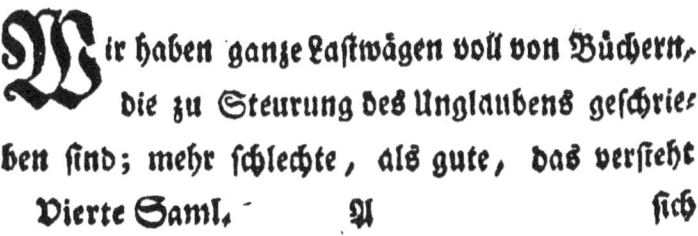

Wir haben ganze Lastwägen voll von Büchern, die zu Steurung des Unglaubens geschrieben sind; mehr schlechte, als gute, das versteht sich

sich — aber doch einmal Bücher, deren Verfasser größtentheils eine gute Absicht gehabt haben. In wie geringer Anzahl sind hingegen Schriften zu Ausrottung des Aberglaubens vorhanden? Noch nicht einmal das ganze System, das Unkrautartige Wurzelwerk desselben hat uns jemand vollständig vorgelegt. Den Aberglauben der Heyden wissen unsere Gelehrte auf den Fingern; sie haben sich bemühet, alle Wildnisse zu durchkriechen, um ihn ausfindig zu machen; aber die Abgründe des unter den Christen herrschenden unchristlichen Aberglaubens sind noch nie aufgedeckt. Der Verfasser der Novitäten sagt: „Schon das würde viel zur Stürzung des Aberglaubens beytragen, wenn man das ganze Gemengsel davon bey einander hätte. Welch ein ungeheurer Klumpen!„ D. Brown*,

Thar-

---

* Die Aufschrift des Buchs, welches Brown ausgegeben, ist oben in der zweyten Sammlung S. 236. angeführt worden. Man hat es auch ins Italienische übersetzt unter dem Titel: Thomas Brown saggio sopra gli errori popolareschi owero esame di molte opinioni ricevate come vere, che sono false o dubiose.

Tharsander *, D. Hauber ** und D. Crusius *** haben etwas gethan. Ich habe eine Nachlese gehalten, und in diesen vier Sammlungen angeführt, was jene meistentheils unbemerkt gelassen haben. Mehr konnte ich auf diesen Feldzug nicht thun. Oft blieb ich bey bloſſer Anzeige eines Aberglaubens stehen, weil es einem Manne allein nicht zuzumuthen, daß er alle die ungeheuren Stricke der Albernheiten und Irrthümer auseinander wickle und Faden vor Faden auflöse. Wären nur diejenigen aberglaübischen Meinungen,

---

* Er hat dem Buche den Titel gegeben: Schauplaz vieler ungereimten Meinungen und Erzehlungen: worauf die unter dem Titel der Magiae Naturalis so hoch gepriesene Wissenschaften und Künste u. s. w. vorgestellet werden von Tharsandern Berlin 1735. Der wahre Name soll seyn Georg Wilhelm Wegner, der Prediger zu Germendorf und Naſſenheide gewesen.

** D. Eberhard David Hauber Bibliotheca, acta et scripta Magica oder gründliche Nachrichten und Urtheile von solchen Büchern und Handlungen, welche die Macht des Teufels in leiblichen Dingen betreffen.

*** S. oben die erste Sammlung S. 20.

die in diesen Sammlungen aufgedeckt und widerlegt worden, einstweilen abgethan! Aber ich erfahre, daß man seitdem wieder irgendwo dem Leichnam eines Schwermüthigen, der sich selbst erwürgt, das Begräbniß auf dem gemeinen Kirchhofe zwar zugelassen, aber bey der Nacht ihn wieder ausgegraben, denselben nach Zerstümmlung der Glieder in den nahen Fluß geworfen und so in ferne Gegenden geschickt habe. — Nach allen Symptomen zu urtheilen, muß in solchen Fällen entweder geschnitten oder gebrannt werden. Gemeine Hausmittel können den Schaden nicht wegnehmen; der Krebs hat zu sehr um sich gefressen. Die Meinung hat schon zu tief gewurzelt, als daß sie durch Vorstellungen, wären sie auch die vernünftigsten, ausgerottet werden könnte. Wenn Obrigkeiten, wenn Lehrer und Eltern keine Gelegenheit versäumen, die Macht des Aberglaubens zu brechen: so ist eine gute Aussicht auf die Zukunft übrig; widrigenfalls fähret der Aberglaube fort, in der menschlichen Gesellschaft stolz und mit zurückgeworfenem Haupte zu erscheinen; und die
Wahr=

Wahrheit darf sich kaum getrauen, durch einen Schleyer sich sehen zu lassen. Es gibt kein gewiseres Mittel, den Aberglauben in natürlichen Dingen und in der Religion auszurotten, als richtige Begriffe von beyden, welche man der Jugend sowol als alten Leuten beyzubringen trachten muß. Der Schade, den falsche Begriffe nach sich ziehen, ist ungemein groß; gleichwol achtet man es wenig, den Geist der Kinder mit Irrthümern und Vorurtheilen anzufüllen. Abgeschmackte Furcht, lächerliche Schrecken, wunderbare Vorstellungen und tausend andre dergleichen Dinge haben solchen starken Eindruck auf das annoch zarte Gemüt, daß sich die üble Wirkung davon durch die ganze Lebenszeit, auch bis in das späteste Alter, erstrecket. Es ist eine falsche Meinung, wenn man sich einbildet, man müsse die Kinder mit kindischen Dingen unterhalten, die Wahrheit sey nichts für dieses geringe Alter. Es sey genug, daß man sie mit Erdichtungen ernähre; sie mögen so abgeschmackt seyn, als sie wollen. Aus diesem Grunde leget man ihrer Einbildungskraft, die dar-

auf

auf sehr begierig ist, lauter wunderbares und ebentheurliches vor, und hintergehet ihre Leichtgläubigkeit und den Mangel des Nachdenkens und der Erfahrung mit der ungereimtesten Zusammenhäufung und Verbindung der abgeschmacktesten Bilder. Dieses alles hält man für gleichgültig und ganz unschädlich; und dennoch ist eben dieses dasjenige, dadurch der Caracter so vieler Personen gebildet und bestimmt wird, die, wenn ich so reden darf, niemals aus ihrer Kindheit kommen. So bald man siehet, daß Kinder den Schatten für das Wesen ergreifen, und das falsche für das wahre annehmen wollen: so muß man ihnen von ihrem Vergreifen Nachricht geben. Man erzähle ihnen eine Fabel, die ihnen die Zeit verkürze; sie mögen sich an der Vorstellung von Thieren, die sprechen, von Schlössern, die in einem Augenblick erbauet und wieder vernichtet sind, ergözen; So weit gehet es gut, man ist erfreut, daß sie sich so angenehm ergözen. Wenn sie aber nachfragen, wo und in welchem Land sich alle diese schöne Sachen befinden; gibt es auch Feen oder Zauberer, oder Riesen oder Thiere, die da reden?

oder

oder andre dergleichen wunderbare Dinge: so finden sich Personen genug, die ihnen dieses für baare Wahrheit aufbinden; man will sie dadurch noch stärker reizen, und behält sich noch allemal eine Zeit vor, da man ihnen die wahre Beschaffenheit eröfnen will. Es ist wahr, man kan sie eines bessern berichten; aber kann man dadurch die schlimme Beugung, die ihr Geist erhalten hat, wieder ins Gleiche bringen? Wenn man zu spät alle diese Fabeln aus ihrem Gemüthe reißt: so werden tausend andre den Platz wieder anfüllen. Dadurch wird insbesondre der Aberglaube ernährt und unterstüzet; daher kommt die kindische Neigung zum Aberglauben, die man überall antrift, und eben daher haben die frommen Fabeln beständig ihr Glück gemacht.

Hier erscheinet die vierte Sammlung vom Grab des Aberglaubens. Meinetwegen heisse man diese Schrift nur einen Versuch, den Aberglauben ausrotten zu helfen, oder gebe ihr einen andern Namen; kurz, ich wünsche von ganzem Herzen, daß aller Aberglaube begraben und, wo es immer möglich, von dem Erdboden verdrungen werden möchte. Ich weis wohl, daß derjenige Theil des menschlichen Geschlechts, welcher dieser Schwachheit am meisten unterworfen ist, wenig oder gar keine Bücher zu lesen pflegt. Aber vielleicht lesen die Lehrer und andre dieses Buch? Ein Theologe, der in einem grossen Ansehen stehet, schrieb mir also: „Freilich werden solche Schriften von wenigen gelesen, die an dem Aberglauben am meisten krank liegen; aber es werden doch von denen, die sie lesen, manche in den Stand gesezt, manche ermuntert, andern denselben zu benehmen.„ In dieser Absicht lobe ich auch den Verf. des Patriotischen Elsassers, der Auszüge aus dieser Schrift gemacht; und danke für alle Recensionen, welche durch ihren Beyfall etwas zur Ausbreitung dieser Schrift, und damit zum Fall des Aberglaubens, beytragen. Noch mehr aber lobe ich denjenigen, der wirklich die Winde an den vornehmen oder gemeinen Pöbel ansezt, und sie in Gang bringen hilft, um ihn aus den Sumpf zu heben,

heben, in welchen er sich durch den Aberglauben gestürzt hat. Der Aberglaube ist unstreitig einer der allerbeklagenswürdigsten Irrthümer des menschlichen Geschlechts. Er ist wie ein Ungeheuer zu betrachten, welches aus der Hölle hervorgestiegen, und welches als eine Pest die Menschen in unendliche Uebel gesezet. Kann wol der Lehrer gegen ihn neutral bleiben? — Aber vielleicht mache ich durch Kundmachung aberglaübischer Meinungen erst aberglaubige Leute? Ich würde untröstbar seyn, wenn durch mich das Gebiete des Aberglaubens erweitert würde, da ich willigst zum Dienste der Wahrheit arbeite, und ihr neue Eroberungen machen will.

Der Herr lasse uns die Wahrheit erkennen, daß wir durch die Wahrheit von den Stricken des Aberglaubens frey werden, der seiner Ehre nachtheilig und uns schädlich ist!

* * *

Die Begierde, das künftige zu wissen, die uns so leichtglaübig und oft gar aberglaubig macht,

macht, ist nichts anders, als ein geheimes Bewußt-
seyn, daß das künftige für uns gehöre, oder daß
wir eine unsterbliche Seele haben. Wir fühlen
uns zur ewigen Dauer ausgerüstet, und dieses
Gefühl macht uns geneigt, uns mit der Zukunft
bekannt zu machen. So lange ein Mensch sich
nicht mit Weißheit untersucht, und sich blos mit
dem Zustand dunkler und sinnlicher Vorstellungen
begnügen läßt, wird er alles Vermögen seiner Seele
unrecht anwenden, und folglich auch das Be-
wußtseyn seiner geistlichen Natur und der Unsterblichkeit zu thörichter und aberglaübischer Erfor-
schung künftiger Dinge gebrauchen, und ohne
Grund jezt voll Hofnung und dann voll Furcht
seine Tage unruhig zubringen. Ein Weiser kann
ohne solche Phantastereyen ziemlich helle ins künftige blicken, und es wird ihm selten fehlen, wenn
er das Sprüchwort verstehet, daß jeder seines eignen Glücks Schmid ist. Ja durch das Mittel
der Offenbahrung können wir auch Blicke in die
Ewigkeit thun, und in eine andre Welt hineinse-
hen, auch unsers Schicksals in derselben versichert
wer-

werden. Gott will durchaus haben, daß wir dasjenige, was Er künftig in dieser Welt über uns verhängen will, nicht wissen sollen. Es ist der ausdrückliche Befehl Christi, und andre wichtigen Gründe erfordern es, daß wir wegen der künftigen Begebenheiten ganz unbesorgt seyen, ungeachtet dadurch eine kluge Vorsicht und Vorbereitung auf alle Zufälle nicht ausgeschlossen wird. Weg also mit der sündlichen Neugierigkeit, welche eben so aberglaubische und lächerliche als strafwürdige Künsten erfunden, um zu erfahren, was wir in folgenden Zeiten für angenehme und widrige Zufälle erleben werden! Künste, deren man sich unter Christen schämen sollte. Man läßt sich punktiren, die Nativität stellen u. b.; man verläßt sich auf diese heillosen Künste, und denkt sich noch entfernt vom Grabe zu seyn, nur weil die Zigeunerin graue Haare geweissagt. Gott hat es schlechterdings unmöglich gemacht, künftige Schicksale zu erfahren; mithin ist es thöricht und sündlich, sie ergründen zu wollen. Die Gründe sind folgende:

Erst

Erstlich ist in der ganzen Welt ein allgemeiner Zusammenhang, vermöge dessen alle Begebenheiten, die einzelnen Personen widerfahren, in vorhergehenden Veränderungen gegründet sind, so, daß keine Begebenheit eher erfolgen kann, als bis alle vorhergehenden nach der Reihe erfolgt sind. Wenn demnach ein Mensch wissen sollte, was ihm in diesem Jahr begegnen wird: so müßte er unzählige andere Veränderungen, die alle noch vorher geschehen müssen, ebenfalls erkennen. Er müßte folglich eine Art der Allwissenheit erlangen, die aber Gott eigen ist. Er müßte wissen, was Gott über diese oder jene Provinz, Stadt oder Familie beschlossen hat. u. s. w. Man seze den Fall, daß die jezt Kriegführenden Theile, die Engländer und die Provinzialen alles, was mit ihren Armeen zu Wasser und zu Land seit einigen Jahren vorgegangen ist, vorhergewußt hätten: so würden sie ganz andere Maasregeln ergriffen haben, um diese oder jene Arten eines widrigen Erfolgs zu hintertreiben. Also hätte die Vorsehung Wunder thun müssen, um die Begebenheiten

heiten gleichwol so zu veranstalten, wie sie wirklich erfolgt sind, ungeachtet die kriegende Parthien sich ihr auf alle Art und Weise widersezt hätten. Aber alle diese ausserordentliche Mitteln hatte die weise Vorsehung nicht nöthig, indem sie blos den Kriegern die Augen verband, und den Erfolg ihrer Unternehmungen verbarg. Auf diese Art konnte Gott durch sie seine geheimen Gerichte und weisen Rathschlüsse ungehindert ausführen.

Hernach würde dieses Vorherwissen die Beförderung unsrer wahren Wohlfart auf mehr als eine Art hindern. Wir wollen zuerst auf freudige Begebenheiten sehen. Sezet ein junger Mensch wüßte vorher, die Vorsehung hätte beschlossen, ihm in dem folgenden Jahr einen grossen Reichthum durch eine unerwartete Erbschaft zu schenken. Nehmet an, daß er sich bisher, da er sich auf nichts als auf sein Wohlverhalten verlassen konnte, alle ersinnliche Mühe gegeben habe, es in den Wissenschaften so wohl als in einer regelmäßigen Aufführung recht hoch zu bringen: was

was vermuthen wir, daß er nunmehr thun werde, da er weiß, daß er bald nicht mehr nöthig haben wird, sich so ausserordentliche viele Mühe zu geben? Es würde das Vorherwissen eines glücklichen Ausgangs der Tugend, die wir bisher ausgeübet haben, ihren Glanz und ihre Stärke benehmen. Wenn Joseph vorhergewußt hätte, so wie er den beyden königlichen Bedienten ihr Schicksal hat vorhersagen können, daß er sich vom Gefängniß bis zum Thron Pharaons schwingen würde: so wollen wir zwar glauben, daß er Gott die übrige Zeit seiner Widerwärtigkeiten angehangen haben würde; aber wie schwer würde es ihm nicht dabey worden seyn, Gott ohne Rucksicht auf die grosse Belohnung und den erwünschten Ausgang seiner Verfolgungen, und blos um sein selbst willen zu lieben? Hingegen würde ihm seine Gedult zwar desto leichter worden seyn; aber sie würde auch eben dadurch von ihrem innern Werth viel verloren haben. Der gottlose Hasael weiß, daß er König in Syrien werden wird; er befördert sein Glück durch eine freche Schandthat. Wir stellen

uns

uns überhaupt unsere glücklichen Zufälle grösser vor, als sie sind; und daher kommt es, daß wir uns in unserm Glück nicht mäßigen können. Also kann man auch sagen, daß, da uns jezt nur das gegenwärtige Glück stolz macht und verzärtelt, uns in dem Fall, daß wir alles vorherwissen sollten, auch noch dazu das Künftige verderben würde. Wie verdorben müßten wir alsdenn nicht werden? Unter alle glückliche Begebenheiten mischet die göttliche Weißheit auch viel widriges ein, und meistentheils führet sie uns durch rauhe Wege auf die Höhe des Glücks. Soll uns nun bekannt seyn, was für Vorzüge wir künftig vor unsern Mitbrüdern erlangen werden: so müßten wir auch die noch auszustehende trübe Tage wissen. Und was kann man wohl vermuthen, daß ein Mensch in diesem Fall thun würde? Entweder wird er bey der Vorsehung Geschenke verbitten, die er so theuer seinen Gedanken nach bezahlen soll: oder er wird Himmel und Erde bewegen, um diese unangenehme Begebenheiten zu hintertreiben. Was würde das anders heissen, als den vortreflich wessen Plan, den die allerhöchste Vorsicht selber entworfen, und in dem sie angenehme Begebenheiten mit verdrüßlichen durchwebet hat, ganz in Verwirrung bringen?

Nehmen wir ferner an, daß uns unsere künftigen traurigen Schicksalen bekannt seyn sollen, nun so verlangen wir in der That nichts anders, als Gott sollte unser ganzes Leben verbittern. Jezt bin ich, Gottlob! gesund und lebe vergnügt; wüßte ich aber, daß ich z. E. in dem 1780sten Jahre nach einer langwierigen und schmerzhaften Krankheit sterben soll: so würde mir dieser einzige Gedanke alle noch übrige Lebenszeit verbittern. Was für Schrecken müßte sich nicht über meine Seele verbreiten, wenn ich voraussähe, daß alle Wetter des Unglücks in der folgenden und herannahenden Zeit mich umgeben, und auf mich als den Mittelpunct zu strahlen würden? Hätte Cnejus Pompejus sich über alle seine große Ehren und Thaten wohl freuen können, wenn er vorher gewußt hätte, was für ein jämmerlicher Untergang ihm bevorstünde?
Mit

Mit was für Qual würde Cäsar sein Leben hingebracht haben, wenn er vorher erfahren, er würde von Leuten, welche er für seine Freunde hielte, auf dem Rathhause ermordet werden, und sich niemand seiner annehmen? Wenn jemand dem Bürgermeister M. Marcellus viele Jahre zuvorgesagt hätte, er würde Schiffbruch leiden und elendiglich im Meere umkommen: so würde er bey allen seinen Siegen und Triumphen seines Lebens nicht froh worden seyn. Welche Mutter würde es sich mit der Erziehung ihrer Kinder sauer werden lassen, und wenn sie noch so liebenswürdig wären, sich über sie erfreuen, wenn sie vorherwüßte, daß sie dieselben alle nacheinander an den Blattern verlieren würde? Sie würde diese Pfänder ohne Thränen nie ansehen oder an ihre Brust drücken können. Kurz; alles gute, was uns der Höchste zu unserm Glück und zu unserer Wohlfahrt gegeben, würde sich in Gift und Unglück verwandeln, und das Creuz, das an sich nur ein Pfund wiegt, zu einer Centnerlast werden. Dank sey es also der Vorsehung,

daß sie uns den Besiz einer gewissen Vorherse=
hung der zukünftigen zufälligen Ereignisse entzo=
gen, und den Eingang in dem Tempel der Zu=
kunft durch einen Vorhang verdunkelt hat. Wir
wollen unsere künftigen Schicksale in den Händen
der allerweisesten Vorsehung, die schon bereits
6000 Jahre nacheinander Himmel und Erde nach
den Regeln der vollkommensten Weißheit regiert
hat, lassen, als in welchen sie unstreitig am be=
sten verwahret sind, und Salomons weise Ermah=
nung üben lernen, wenn er sagt: Am guten
Tage sey guter Dinge, und den bösen Tag
nimm auch für gut; denn diesen schaffet Gott
neben jenem, daß der Mensch nicht wissen soll,
was künftig ist.

Gott hat besonders auf unser LebensEnde die
Hand gedeckt, daß wir solches weder vorher zu
wissen, noch es uns auch durch unerlaubte Mit=
tel zu erforschen erfrechen sollen. Unter dieselbe
gehöret die Astrologie, welche in den beyden
leztern Jahrhunderten ganz zum Erstaunen ins
Ansehen

Ansehen kam und eifrigst getrieben wurde. Man verstehet darunter die Kunst, welche aus den verschiednen Stellungen der Gestirne und den daher rührenden Einflüssen derselben allerhand künftige Erfolge, die Veränderungen des Gewitters, Fruchtbarkeit der Erden, sogar den Ausschlag menschlicher Handlungen, die Schicksale ganzer Reiche und jedes Menschen selbst vorhersaget. Der Ursprung ist in dem Heidenthum zu suchen. Man glaubte, daß der Himmel ein Leben in sich habe, und die Gestirne beseelte, und dabey sehr vollkommne Wesen wären; denn man sah, daß sie sich beständig von sich selbst bewegten, welches man ihrer innern vortreflichen und göttlichen Natur zuschrieb. Weil nun die Alten dem Himmel ein göttliches Leben beylegten, und die Sonne und andere Gestirne die Quelle des Lichtes sind: so glaubten sie, daß die vornehmsten Theile der göttlichen Natur in den Gestirnen befindlich seyn, durch welche dann auch die Schicksale der Menschen, und die Dinge dieser Unterwelt regieret würden, welche man durch

fleissige

fleissige Beobachtung aus dem Stande und der Stellung der Gestirne voraussehen könnte. Selbst philippus Melanchthon trug die Farbe seines Zeitalters, und suchte durch die Astrologie sein LebensEnde zu erfahren. Er wurde aber auch dafür gezüchtiget. Als er eben um die Zeit, auf welche er sich seinen Tod prophezeyhet hatte, zu der Versammlung der Theologen reisete, die 1540. zu Hagenau gehalten ward: so sezte er vorher zu Wittenberg ein Testament auf, und machte den Vers:

Viximus in synodis, & iam moriemur in illis.

Weil ihn aber sein Gewissen wegen dieses Vorwizes peinigte: Verfiel er unterwegs zu Weimar in eine tödtliche Krankheit, die ihren Grund in seinem Gemütskummer hatte. Der Churfürst berief alsobald Luthern von Wittenberg, daß er dem kranken Melanchthon mit Troste beystehen sollte. Als Luther ankam: fand er ihn bey nahe schon in lezten Zügen ligen; die Augen waren schon gebrochen, Sprache und Gehör war ihm vergangen,

gangen, er kennte Niemanden mehr. Ueber welchen Anblick Luther gar heftig erschrack; Er wandte hierauf sein Angesicht von ihm weg, trat ans Fenster, und betete auf das andächtigste zu Gott, so lange, bis er unter dem Gebet zu einer Glaubenszuversicht und Freudigkeit, als ein frommer Beter, gelangte, worauf er wieder zu ihm umkehrte, den in lezten Zügen ligenden Melanchthon bey der Hand nahm, und ihn mit den Worten anredete: Sey getrost, Philippe, du wirst nicht sterben; ob Gott schon Ursach hätte, zu tödten: so will er doch nicht den Tod des Sünders, sondern daß er sich bekehre und lebe, u. s. w. Ueber diesen Zuspruch fängt Philippus an, gleichsam wieder aufzuleben, kommt auch nach und nach wieder zu Kräften, und wird endlich völlig gesund. Von dieser seiner Krankheit bezeugt Melanchthon selbst in einem Briefe an einen Freund: er sey von einer erschrecklichen Krankheit befallen worden, die blos von einem Gemütskummer hergerühret, den ihm eine fremde Sache verursacht habe, und er würde an derselben gestorben seyn,

wenn

wenn er nicht durch die Ankunft Lutheri dem Tode gleichsam aus dem Rachen gerissen worden wäre*.

Würde nun Melanchthon wirklich gestorben seyn, und eben darum die Ursache seines Todes, nämlich den Gemütskummer, nicht mehr haben entdecken können: wie würden die Verehrer der Astrologie ein Triumphgeschrey für sie angefangen haben? Gesezt also, es würde einem Menschen durch die Astrologie oder auf andere Weise gesagt, er würde auf einen bestimmten Tag, ja in einer bestimmten Stunde sterben, und der Erfolg bestettigte die Wahrheit dieser Aussage: so würde freilich jedermann auf die vorhergegangene Weissagung schliessen, weil man die Verbindung dieser Weissagung mit dem zutreffenden Erfolg nicht sogleich einzusehen vermag. Inzwischen sehen wir, daß ein philosophischer Grund angegeben werden könne, warum sie eingetroffen. Der Mensch, dem

an-

---

* S. Seckendorf in Commentario de Lutheranismo. Libr. III. Sect. 21. §. 83. pag. 313.

angedittet worden, als ob er auf einen bestimmten Tag auf eine bestimmte Stunde sterben würde, kann aus Furcht, weil er glaubte, die Weissagung sey richtig, sich mit Gewißheit einen solchen Ausgang denken. Er zählet daher alle Tage, und erwartet die angezeigte Zeit seines Todes. Je näher der Tag, je näher die angezeigte Stunde seines Todes kommt: desto lebhafter, und mit Furcht und Todesschrecken begleitet, wird seine Vorstellung; und folglich wird auch in seinen Säften und Nerven bey gänzlicher Annäherung der Todes-Stunde die gröste Bewegung und Erschütterung entstehen. Eine solche heftige und unordentliche Bewegung aber kann den Tod verursachen. Es ist von einem gewissen Hofnarren, der sich gegen seinen Herrn vergangen hatte, und dem man die Todesstrafe ankündigte, bekannt, daß er, sobald der Scharfrichter nach geschehener Verbindung der Augen ihm vermöge einer heimlichen Ordre mit einer Spißruthe nach dem Halse hieb, plötzlich starb, und keine Aderlässe sein Leben wieder herzustellen vermochte. Wem werden wohl nicht noch andere Fälle bekannt seyn, daß eine heftige Furcht für zukünftigem Uebel, und eine bange Erwartung betrübter Begegnungen unser Geblüt in Unordnung bringe nnd schädliche Folgen habe?

In der Astrologie soll die Verbindung des Jupiters oder der Venus mit dem Monde bey der Geburt der Kinder glücklich; hingegen des Saturns und des Mars unglücklich seyn. Diese Wahrsager bauen auf einen Grund in ihrer Wissenschaft, der offenbar falsch und verbotten ist, sich damit abzugeben. Die Gestirne halten einmal, wie das andere, ihren festgestellten Lauf. Eine Betrügerey und Schwärmerey, deren Falschheit zu kundbar ist, als daß ein verständiger Mann darauf achten sollte. Ich habe mich daher gewundert, daß man in einigen Ländern die Kalender noch mit dergleichen Geschwäz ausfüllen läßt, nach welchen man sagt, daß ein Kind unter diesem oder jenem Stern gebohren, so und so von Temperament u. d. seyn werde. Man sollte doch wohl billig in christlichen Ländern nach einem

nem geläuterten Christenthum die Policey in allen Sachen verwalten, und ganz keine Wahrsagerey aus den Sternen weder von künftiger Witterung noch weit weniger von den Schicksalen der Menschen in die Kalender kommen lassen; Allein es ist zu befürchten, daß, wenn man dißfalls eine Aenderung vornehmen wollte, die Bauren heutiges Tages sich eben das noch ausbeten würden, was sie ehedem an einem gewissen Ort in der Schweiz sich sollen ausgebeten haben, als der Kalender verändert wurde; Sie baten nämlich, daß ihnen erlaubt werden möchte, bey dem alten allein seligmachenden Kalender zu bleiben. „Was für Unsinnigkeit, sagt Cicero, ist es, ein Kind nach der Beschaffenheit des Himmels beurtheilen. Denn es ist zu wenig, es eine bloße Thorheit zu nennen? Woher kommt es dann, daß oft Zwillinge, die doch unter einer Constellation geboren sind, so verschiedne Schicksale haben? wie weit sind die Planeten entfernt? Kann man sich ihren Einfluß als möglich vorstellen? Gewiß es wäre noch viel vernünftiger, wenn man sagte, die Veränderung des Windes und Wetters hätte einen Einfluß in die Geburt des Menschen, welches doch die Chaldäer nicht behaupten. Dem Pompejus, Crassus und Cäsar, sezt Cicero hinzu, wurde von den Chaldäern viel schönes vorhergesagt, daß sie z. E. in hohen Alter in ihren Häusern mit grossem Ruhm sterben würden. Ich muß mich also wundern, daß noch jemand diesen Leuten glauben könne.„ Die Menschen sind mit einer Freyheit begabt, vermöge welcher sie das gute wählen und das böse verwerfen können. Wäre nun die Constellation der Gestirne bey ihrer Geburt ihr Herr, Meister und Regente ihrer künftigen Schicksale: so fiel ihre Freyheit und Verantwortung dahin, und das verhaßte fatum oder unwandelbares Schicksal, das die Zeit der Geburt ihnen auflegte, wäre eine unerträgliche Bürde, die Gott in den Verdacht einer Ungerechtigkeit sezte; weil er die Menschen nicht zu einer andern Zeit liesse geboren werden. Nimmermehr sind die Menschen, die im Kriege zu einer Stunde umkommen, in einer Stunde und

bey

27

bey einerley Conſtellation geboren. Ja, ſpricht man, es ſtimmt doch, wie man ſagt, der Erfolg mit den Wahrſagungen überein, wenn ſie nur nach den Regeln der Kunſt recht gemacht werden, und es mögen alſo die Philoſophen mit allgemeinen Gründen behaupten, oder die Theologen aus der heiligen Schrift, ein jeder nach ſeiner Auslegung, auf eine gehäßige Art widerſprechen, was und wie ſie wollen; genug, da die Sache ſo oft eintrift: ſo ſiehet man daraus, daß doch etwas wahres hinter der Kunſt, aus den Geſtirnen zu wahrſagen, ſeyn muß, es ſey nun, was es wolle*. Allein vors Erſte ſind die Wahrſagungen zum öftern offenbar falſch und betrüglich

---

* In der beliebten Nürnberg. gelehrten Zeitung auf das Jahr 1777. S. 61. leſe ich folgendes: In der Gegend Neuſtadt am Culm kamen zwey zweyjährige Kinder an einem Tag, an entfernten Orten, jedes in einem Garten, in wenig Waſſer um, die in einer Stunde gebohren und zugleich getauft worden waren. Wäre die mit Recht verworfene Aſtrologie etwas mit einem gewiſſen Schein zu retten im Stande: ſo wäre es ein ſolcher nicht zu bezweiflender, in unſern Tagen vorgefallener Zufall.

trüglich erfunden worden. Hiernächst ist niemals eine hinlängliche Menge von Exempeln gesammlet worden, und kann auch nicht leicht gesammlet werden. Denn die Kunst selbst erfordert gar zu viel und ist gar zu schwer, und es sind nicht viel Leute, die Lust haben, entweder selbst die Sache zu versuchen, oder eine Probe damit an sich und an den ihrigen machen zu lassen; und wenn es auch jemand thut: so ist er doch nicht im Stande, genau zu untersuchen, ob sich der Wahrsager pünktlich genug nach den Regeln der Kunst gerichtet hat; daher sich denn allezeit noch gar viel dawider einwenden läßt. Ich glaube, daß, wenn nur hundert Personen auf einmal die Nativität gestellet würde, nicht einmal bey den Meisten der Erfolg nur mit einigem Scheine einer Wahrscheinlichkeit damit übereintreffen würde. Meinetwegen mögen die, so die Sterndeutekunst verstehen wollen, von ich weiß nicht was für einer Geheimnißvollen Wirkung der verschiednen Aspecten der Sterne, oder der verschiednen Conjunction und Opposition der Planeten reden.

Die=

Diejenigen, die das gewiſſe Wort der Offenbarung nicht kennen, mögen dieſen Kindern des Betrugs Gehör geben. Was mich anbetrift, ſo iſt es mir ganz gleichgültig, ob der Unblick des Geſtirns, in der Stunde meiner Geburt, lächelnd oder drohend geweſen iſt. Chriſtus iſt mein Schutz, und da ich unter deſſen Schirme ſicher bin: ſo lache ich ihrer ohnmächtigen Drohungen. Iſt Chriſtus mein Geleits-Mann, ſo werde ich mich bey ſolchen lebloſen Klumpen eben ſo wenig befragen, als ich von denſelben eine gewiſſe Nachricht von zukünftigen Dingen jemals zu erlangen hoffe. Soll man die Todten für die Lebendigen fragen? Können dieſe Körper mir von künftigen Dingen Nachricht ertheilen, die ſich ihres eigenen Daſeyns nicht bewußt ſind? Soll ich zur unempfindlichen und groben Materie meine Zuflucht nehmen, da ich mich doch an das allweiſe Weſen wenden kann, ſo mit einem einzigen Blicke alles dasjenige ganz genau überſchauet, was in dem Schooſſe der Unermäßlichkeit verborgen iſt, oder erſt in dem Mutterleibe der künftigen

gen Zeit gebildet wird? Niemals will ich mich nach meinem künftigen Schicksale erkundigen, öfters aber in jenem Sternenfelde den Fußstapfen meines Schöpfers nachforschen. In dem ersten Falle sind die Sterne Lehrer der Lügen, in dem leztern aber Prediger der Wahrheit. In diesem Verstande allein bekenne ich mich also für einen Schüler der Sterne.

Vor ein paar Jahrhunderten ist, wie ich schon bemerkt, das Ansehen der Astrologie aufs höchste gestiegen, so, daß man auch die Beschaffenheit und die Schicksale der Religionen von den Gestirnen herleitete, und deßwegen gar die Geburt unsers Heylandes hieher zog*. Es ist daher kein Wunder, daß offene Köpfe darauf verfielen, sie zu ihrem Vortheil in StaatsSachen zu gebrauchen. Man weiß den langwierigen und blutigen Krieg, der zwischen England und Frankreich

---

* S. Jo. Andr. Schmidii, Prof. Jen. Thema Christi Natalitium à nonnullis impie & absurde erectum. Jen. 1683.

reich mit abwechselndem Glücke und verschiednen kurzen Friedens, und StillstandsZeiten über hundert Jahr lang geführet wurde. Als Carl der siebende König von Frankreich zur Regierung kam: so war es mit diesem Reiche so auf das äusserste gekommen, daß die Engländer ganz Frankreich bis auf eine einzige Stadt in Besitz hatten; und Carl, der keine Mittel vor sich sah, sich weiter zu vertheidigen, war bereits so niedergeschlagen, daß er seine Sache völlig aufgeben, den siegenden Engländern Frankreich überlassen, und sich in eine gebürgigte Landschaft verbergen wollte. Dieser Entschluß war nicht nach dem Geschmacke der Agnes Sorel, die Carls Maitresse war. Sie hatte gar keine Lust mit ihrem Coridon in den Gebürgen und Wäldern einsam herum zu irren. Um nun dem Könige diesen Entschluß aus dem Kopfe zu bringen; so ließ sie einen Sterndeuter holen, mit dem sie heimlich das Benöthigte verabredet hatte. Dieser mußte sich stellen, als wenn er das künftige Schicksal der Agnes Sorel untersuchte, und ihr in Gegenwart

wart des Königes sagen: Wenn ihn nicht alle Gestirne betrögen: so würde sie einen grossen König noch sehr lange Zeit vergnügen. Agnes sagte hierauf zu dem Könige: Er würde es also nicht übel nehmen, daß sie sich an den englischen Hof begäbe; denn da er den Entschluß gefaßt hätte, nicht länger König zu bleiben: so sey es nicht möglich, daß diese Prophezeihung und ihr Schicksal durch ihn erfüllet werden könnte. Die Furcht, seine Geliebte zu verlieren, brachte also Carln darzu, daß er sich entschloß, König zu bleiben, daß er wieder Muth schöpfte und auf Mittel dachte, sich den Engländern zu widersezen. Nachdem man dem Könige einmal Muth gemacht hatte: so war es nöthig, auch das niedergeschlagene Herz des Volkes wieder aufzurichten. Man erfand also die Comödie mit dem Mägdchen von Orleans, die sich göttlicher Offenbarungen rühmen mußte; Und so klein und närrisch alle diese Triebfedern waren: so hatten sie doch die Wirkung, daß die Engländer aus Frankreich getrieben, und dieses seinem Untergang so nahe Reich wieder beruhiget

higet und hergestellet wurde. In der That haben also die Herren Franzosen, wie der Hr. von Fontenelle, der diese Begebenheit in seinen Todtengesprächen aufführet, selbst sagt, der Galanterie sehr viel zu danken, und sie müssen allerdings viel darauf halten; wenn es auch nur aus Erkenntlichkeit geschehen sollte.

Die Sternkunde ist nicht allein erlaubt, sondern auch nüzlich; indem sie auf Gründen und Regeln beruhet, wodurch vieles in dem menschlichen Leben regieret wird; die Sternseherkunst aber, oder die weißagende Sternkunde, nach welcher sich die Menschen anmaßen, aus den Gestalten und Stellungen der Gestirne gegen einander den Ausschlag so wohl öffentlicher als besondrer Angelegenheiten, und zufällige Begebenheiten einzelner Personen, oder Völker vorherzusagen, ist ihrem Ursprunge nach heidnisch und teuflisch. Wenn Gott daher die Wahrsagungen der Sternseher bisweilen in Erfüllung gehen läßt: so geschieht solches bloß, die Neubegierde derer, die sie um Rath fragen, zu strafen. Mithin ist kein Schluß von diesen Wahrnehmungen, nach welchen die Begebenheiten mit den geschehenen Vorhersagungen übereingestimmt haben, auf die Rechtmäßigkeit oder gar Göttlichkeit solcher Wahrsagerey zu machen, und zu sagen:

Astra regunt homines, sed regit astra Deus.

Denn wenn nun auch solche Wahrnehmungen in gnugsamer Anzahl gesammlet, und bis zur Unwidersprechlichkeit berichtiget wären: so würde man doch daraus eben so wenig darthun können, daß die Sterndeutung erlaubt sey, als wenig man dergleichen von der Zauberey beweisen wird, wenn man gleich nicht so schlechterdings leugnen kann, daß manche zauberische Anstalten ihre Wirkung thun, oder gethan haben. Alle diejenigen zukünftigen Dinge, deren Vorhersehung uns, in Absicht unsers gegenwärtigen tugendhaften Verhaltens, nichts hilft, oder wohl gar schädlich wäre, und höchstens nur unsere unordentliche Neubegierde stillen würde; diese
zu

zukünftigen Dinge, sage ich, können wir nicht vorhersehen; wir müssen also auch diese Vorhersehung nicht durch närrische, abgeschmackte und abergläubische Mittel erhalten wollen. Im Gegentheil diejenigen zukünftigen Dinge, deren Vorhersehung uns, zu unserm gegenwärtigen tugendhaften und klugen Verhalten unentbehrlich ist, können wir vorhersehen. Wenn wir uns vollkommen tugendhaft in diesem Leben verhalten wollen: so müssen wir wissen, daß uns der Tod, und entweder eine ewige Seligkeit oder die Verdammniß bevorstehe. Allein wenn wir sterben werden, wie wir sterben werden, ob wir vorher noch zu diesem oder jenem Amt und dergl. gelangen werden? das sind lauter Sachen, ohne deren Vorhersehung wir dennoch uns vollkommen pflichtmässig verhalten können. Daher hat uns auch Gott diese Dinge verborgen. Es ist eine dicke Finsterniß über dieselbe ausgebreitet, die unser schwaches Vorhersehungsvermögen zu durchdringen nicht im Stande ist. Der Christ verehret die Fügungen der göttlichen Weisheit, und

forscht

forscht nicht neugierig nach seiner Zukunft. Er ist bemühet, seine Handlungen so einzurichten, wie sie nach der Fürschrift der Tugend, den Umständen, darin er sich befindet, jedesmal angemessen seyn müssen. Er nuzt den gegenwärtigen Augenblick, und läßt sich in dem Genusse nicht durch marternde Gedanken der Zukunft stören. Mit den nothwendigen Folgen seiner guten Handlungen, mit der Ruhe des Gemüts zufrieden, wallt er der Zukunft mit einer Brust entgegen, die sich auf glückliche und unglückliche Verhängnisse gefaßt gemacht hat. Beyde nimmt er aus der Hand der unendlichen Güte, als Belohnungen an, und beruhiget sich durch das Vertrauen auf die göttliche Weisheit. Er belebt, stärket und erhöhet die Empfindungen dieser angenehmen Leidenschaft durch die Versicherungen der Offenbarung. Er befiehlt als Christ dem HErrn seine Wege, und hoffet auf ihn; Er wird es wohl machen.

Das

Das zweite Stück.

Die Wünschelruthe.

Mein Volk fraget sein Holz, und sein Stab soll es ihm bekannt machen.

Hosea.

Es gibt in der Natur nicht nur solche Sachen, die allen Menschenverstand übertreffen, sondern auch solche, die der Vernunft in dem Grad, in welchem die Menschen dieselbe vorjezt besizen, gänzlich zuwider scheinen, so daß kein Mensch dieselben glauben, sondern als unmöglich verwerfen würde, wenn er nicht durch gewisse Erfahrungen hievon wäre überzeugt worden. Diese Sachen können mit Recht Geheimnisse der Natur genennet werden. Es sind derselben zweyerley Arten. Die Eine begreift solche Dinge, deren Wirkungen wir zwar deutlich sehen, aber von der Art, wie dieselben hervorgebracht werden, nicht nur nichts wissen, sondern sie gar für etwas unmögliches, und unsern Begriffen widersprechendes halten würden, wenn uns deren Wirklichkeit nicht aus der Erfahrung bekannt wäre. Die Andere ist, deren Einrichtung uns zwar wohl bekannt ist, da indessen die Absicht ihres ganzen Wesens entweder zum theil oder gänzlich wider die Natur zu seyn scheinet. Naturforscher haben an einigen Thieren solche Eigenschaften entdeckt, die unsern Begriffen so stark widerstreiten, daß sie gänzlich wider die Vernunft zu seyn scheinen, und von keinem Menschen könnten geglaubt werden, wenn sie nicht durch eine grosse Menge der allergewissesten Erfahrungen bestätiget wären. Es ist leicht zu merken, daß ich von den Polypen oder Vielfuß

fuß, einer Art Würmer, die sich im Wasser aufhält, spreche. Dieses verwunderliche Thier zeiget uns etwas, welches aller menschlichen Vernunft den Krieg anzukündigen scheinet. Es lehret uns Sachen, die vermögend gewesen wären, einen Menschen, der sie behauptet, aber nicht durch gewisse Erfahrungen hätte beweisen können, als einen Träumer und Schwärmer der Welt zum Gespötte darzustellen. An diesem Thiere, welches allen Weltweisen eine Warnung seyn soll, hat man die wunderbarsten Eigenschaften entdeckt, die ich aber hier nicht anführen will, da sie bekannt genug sind.

Vielleicht gehöret die Wünschelruthe auch unter die Geheimnisse der Natur! So bald ich von den Wirkungen derselben überzeugt bin: so will ich die Art, wie sie hervorgebracht werden, nicht einzusehen verlangen; und wofern ich sehe, daß eine Wünschelruthe nur alsdenn ihre Wirkung thut, wenn sie durch einen Menschen, der unter einem gewissen Zeichen geboren, von einer zinkichten Haselstaude in der St. Johannis-Nacht zwischen 11. und 12. Uhren unter Hermurmelung gewisser Worte abgeschnitten worden: so will ich auch darinn laviren. Die Wünschelruthe ist ein aus Holz oder Metall bestehendes Werkzeug, welches durch seinen Schlag etwas, worauf man sein Verlangen unbeweglich richtet, z. B. Erzgänge, Wasserquellen, Marksteine, verirrtes Vieh, Mörder und Diebe, unbekannte Wege und Stege, entdecket, und so gar auf vorgelegte Fragen richtige Antworten gibt. Zeidler macht die Wünschelruthe zu einem Zauberspiegel, worin man alles sehen kann. Er kann wissen, ob jemand todt oder lebendig, gesund oder krank, ob eine Frau schwanger, ob sie einen Sohn oder Tochter trage; wann einer geboren sey. Seine Ruthe sagt ihm: wie hoch die Sonne von der Erde; ob die Planeten bewohnt sind oder nicht. Er erforschet damit die Wahrheit der Geschichte, entscheidet historische Zweifel, untersuchet Säze, ob sie wahr oder falsch sind.

sind. Er recognoscirt die Feinde, suchet die im Meer versunkene Waaren u. d. m.

Nun will ich ganz nicht läugnen, daß die Wünschelruthe schlage; ein anders aber ist schlagen, ein anders treffen. Athan. Kircher suchet den Grund des Schlagens darin: die metallischen Dünste gingen durch die Wurzel in den Baum über, und vereinigten sich mit den Säften der Zweige und Blätter, gäben sich auch daselbst zusammen. Weil nun die zusammengezogene Dünste eine Schwere hätten: so machten sie, daß, indem sich noch mehr aus der Erden kommende metallischen Dünste mit ihnen vereinigten, das Holz davon schwerer gemacht sich krümmen und niederbeugen müste. Vallemont vergleicht das Schlagen der Ruthe mit der Bewegung der Magnetnadel. Zeidler schreibt diese Bewegung einem von der Sonne ausgehenden Geiste, Andere dem Temperamente des Ruthengängers zu. Andere machen den Effect zur Ursache, und verfahren hiebey, wie der unwissende Doctorande beym

Moliere, der auf die Frage: Quare opium facit dormire? antwortete: quia est in eo vis dormitiva. Niemand hat ehedem gröſſere Wunder damit gethan, als der franzöſiſche Bauer Jakob Aymar, deſſen Betrügereyen aber entdeckt worden. Da ich nicht ſelbſt Verſuche mit der Wünſchelruthe anzuſtellen Gelegenheit gehabt: ſo will ich einen Mann auf die Bühne führen, der über alle Zeichendeuter, Quackſalber, kurz, über alle Betrüger erhaben, und weder ein phyſikaliſcher Atheiſt noch Quacker iſt. Er iſt der ſehr berühmte D. Krüger *. Er ſtellte eine Probe mit einer Wünſchelruthe an, die zwar von keiner Haſelſtaude, ſondern nur von Drath, welcher mit Faden umwunden war, verfertiget worden; ſie hatte aber einen Künſtler zum Urheber, welcher ſich auf die geheimnisvolle Wiſſenſchaft

Wün-

---

* S. Johann Gottlob Krügers, der Weltweisheit und Arzneygelahrheit Doctors und Profeſſors Geſchichte der Erde in den alleräleſten Zeiten. Halle. 1746. S. 101.

Wünschelruthen zu machen verstund, und war ihm von jemand mit 6. Thaler bezahlt worden. Ob sie schon dem äussern Werth nach kaum 6. gr. wehrt war: so war doch dieses in Ansehung ihrer innern Kraft und darin verborgenen Geheimnisse für gar nichts zu rechnen. Krüger hätte die Freyheit gehabt, Schäze damit zu suchen; aber er achtete alle Reichthümer für nichts, um bloß seine Leser glücklich zu machen. Er beschreibt ihnen daher das ganze Instrument, daß sie sich es nachmachen lassen können, wenn sie die Lust übernimmt. Sollte aber die gewünschte Wirkung wider Verhoffen nicht erfolgen: so müssen sie sich damit trösten, daß sie entweder nicht in den rechten Zeichen geboren worden, oder die Worte nicht wissen, welche man sehr ernsthaft aussprechen muß, wenn sie in das innerste der Wünschelruthe bringen, und ihr eine sonderbare Kraft mittheilen sollen. Die Ruthe bestand aus zwey Stück eiserner Drath, welche dergestalt zusammengefügt waren, daß sie sich biegen liessen, und über und über mit Leder überzogen, und

mit

mit Zwirnfaden bewunden waren. Er scheuete sich nicht, dieses geheiligte Instrument zu anatomiren; und er versichert hoch, daß er mit seinen leiblichen Augen nichts ausser Drath, Leder und Faden habe entdecken können. Ich faßte es also an, sagt Krüger, freilich nicht, wie man andre unädle Sachen angreift, sondern so, wie man eine Wünschelruthe anfassen muß. Ich druckte beyde Armen feste an die Brust, hielt die Hände von dem Leib ab, und faßte sie an beyden Enden mit den Fingern dergestalt, daß die Daumen an beyde Enden so anstiessen, als wenn man einen Drath zwischen den Fingern fassen will. Als ich sie nun ein wenig zusammen drückte: so fieng der Theil, der in der Mitte umwunden in die Höhe stand, an, sich herunter zu bewegen bis auf ein auf den Tisch gelegtes Stücke Geld. Sie schien sich mit solcher Gewalt in meiner Hand herumzudrehen, daß ich nicht vermögend war, ihre Bewegung zu verhindern. Ich war aber damit nicht zufriden, sondern ich hielt dieses Instrument über andere

Sa-

Sachen, welche nichts metallisches bey sich hatten, und es schlug eben so heftig, wie vorher. Ich sah also wohl, daß die Ursache des Schlagens nicht so wohl in der Wünschelruthe, als vielmehr in den Muskeln meiner Hände und Arme zu suchen wäre, welche nicht vermögend wären, ein so starkes Drücken, ohne in ihrer Wirkung nachzulassen, auszuhalten. Dieses Nachlassen geschiehet so allmählich, daß man keine Bewegung in den Händen oder Armen wahrnimmt; sondern man bildet sich ein, einmal so stark, wie das anderemal zu drücken; und daher kommt es einem ganz fremde vor, wenn die Wünschelruthe demohngeachtet vermöge ihrer Schwere niedersinkt. Als ich dieses merkte: verleitete mich mein Unglaube weiter, dieses mit einem schwanken Holze zu versuchen; ja endlich machte ich mir selbst eine Wünschelruthe aus Drath, die aber meines Wissens niemals, wie sonst dazu erfordert wird, unter dem Taufsteine gelegen hatte, und ich fand in allen Fällen einerley Wirkungen. Es sind also die Experimente mit der

Wün=

Wünschelruthe Wirkungen, welche von ihrer Schwere und Elasticität, nebst der seltsamen Art, die Wünschelruthe zu halten, herrühren. Kommt nun ein Bisgen Aberglaube und Betrügerey dazu: so ist die Kunst vollkommen. Man siehet also, was man von den Experimenten, die unterirrdischen Metalle vermöge der Wünschelruthe zu entdecken, zu halten habe. Das ist nun ein richtiger Versuch eines berühmten Physikers, woran man sich begnügen kann; Allein was die Physiker nach genauer Untersuchung beyseite sezen und fahren lassen oder verwerfen, das lesen Aberglaubige als Heiligthümer auf.

Es ist kein Zweifel, daß mit der Ruthe auch schon verborgene Dinge entdeckt worden. Alle Wahrsagerkünste fehlen und treffen. Da aber viel aberglaübisches dabey vorgehet; sie in wichtigen Fällen schon sehr oft fehl geschlagen; viele durch Landstreicher zu grossen Unkosten, z. B. um nach unterirrdischen Schäzen, Erzgängen, Wasser und Salzquellen zu graben, verleitet wor-

worden; und besonders bey Zurichtung der Ruthe der Name Gottes schändlich mißbraucht wird: so enthalte man sich derselben. Man beschwöret die Ruthe bey dem Schnitte also*: Gott grüße dich, du ädles Reis, mit Gott dem Vater such ich dich, mit Gott dem Sohne finde ich dich, mit Gott des heil. Geistes Macht und Kraft breche ich dich. Ich beschwöre dich Ruthe und Sommerlatte bey der Kraft des Allerhöchsten, daß du mir wollest zeigen, was ich dir gebiete, und solches so gewiß und wahr, so rein und klar, als Maria, die Mutter Gottes, eine reine Jungfrau war, da sie unsern HErrn JEsum gebar, im Namen Gottes des Vaters, des Sohnes und des heiligen Geistes. Amen!

Anstatt von der Rhabdomantie, der Mutter der Wünschelruthe, etwas zu sagen, will ich Meinungen eines aberglaubischen Försters anführen. Bey der Holzsaat müsse man auf das Ca-

---

* S. Zeidlers pantomysterinm. 1700. pag. 520.

Calenderzeichen sehen. Antw. nur auf die rechte
Zeit. Richtet sich doch auch nicht der Saame, so
noch in Zapfen ist, bey seinem Ausfallen nach
dem Calenderzeichen — Zum Baumsaamensäen
werde eine glückliche Hand erfordert. Antw.
gute Ausrede für faule Förster! die Hand ist
unglücklich, wenn der Kopf dumm denkt. Wer
unbesonnen schneidet, schadet mehr — Die Eiche sey wegen ihren Aepfeln und Insekten darin
ein weissagender Baum. Antw. S. dritte
Sammlung St. VII. — Das Holz, so in
Hundstagen gefället, brenne nicht. Antw. 1. in
Sommermonaten verlieret es seinen zu der Zeit
höchstflüssigen und flüchtigen Saft, mithin seine
Kraft. 2. gibt es nicht die Hize und schaft nicht
bey der Feurung den Nuzen, der von weniger
Holz, so zur rechten Zeit gefället worden, in
Ansehung der Wärme zu erwarten. So nuzet
der Aberglaube, dem man gerner folgt! —
Zwischen dem Eschenbaum und der Schlange
herrsche eine solche Antipathie, daß die Schlange lieber ins Feuer gehe, als sich unter oder
nahe

nahe bey diesem Baum aufzuhalten. Antw. ist wider die Erfahrung — Das Eichenholz kurire alle ofne und andre Schäden durch bloſſes Beſtreichen, wenn es am JohannisTage oder Karfreytage Morgens vor Aufgang der Sonne ſtillſchweigend geſchnitten worden. Antw. Dieſes Holz mag in der Medicin ſeinen Nuzen haben - Unter gewiſſen Bäumen herrſche eine Antipathie. Antw. Sie entziehen einander den Nahrungsſaft — Der Eich-Miſtel heile die fallende Krankheit, und ſeye bey Menſchen und Vieh ſehr heilſam. Antw. Der Miſtel entſtehet aus dem ſtockenden Saft des Eichbaums, und hat ſeine ſehr groſſe Heilungskraft dem Anſehen zu danken, in welchem die Eiche bey den Heyden ſtund. Der erſte Prieſter beſtieg die Eiche, ſchnied den Miſtel mit einer güldenen Hippe ab, und nahm es in ſein weiſſes Kleid auf, worauf er wider alle Schäden heilſam erkannt und angenommen wurde. Die heutigen Aerzte finden in dem Gebrauch deſſelben die groſſe Kraft nicht.

Vierte Samml.   D   Der

Nachrichten aus dem Reiche des Aberglaubens.

Der bezauberte Coffee.

Magdalene, eine arme Wäscherin, wollte einer kranken Baase ihre Liebe beweisen, und ihr eine kleine Erquickung verschaffen. Sie raffet einige ersparte Groschen zusammen und kauft CoffeeBohnen von der besten Sorte, zu deren wichtigen Kenntniß sie in ihrem langwierigen Dienste gekommen war. Sie bemühet sich, dißmalen den Coffee recht gut und stark zu machen. Unstreitig würde dieser kranken Person, die in ihrem Leben noch nie Coffee getrunken, und izt einen leeren Magen hatte, ein patriarchalischer Milchbrey bessere Dienste gethan haben, als der filtrirteste Coffee, den sie aus einer entlehnten Meißnischen Schaale trank. Sie leert zwey Schaalen — und die dritte — o Magdalene, welch ein trefliches Getränk! nur noch eine Schaale — Wenige Minuten darauf überfällt die lüsterne Patientin eine brennende Hize, das Blut stürmt durch die Adern, sie zittert am gan-

ganzen Leib, das Herz klopft heftig, es wird
ihr todbange. Nun verwünscht sie den Coffee,
so sehr sie sich zuvor darnach gesehnet hatte.
Magdalene muß etwas mit dem Coffee gemacht
haben. Man ruft sie. Um Gottes willen hilf
mir, ächzet die bange Patientin, was habe
ich dir gethan, daß du mich so elend zurichtest?
Man rührt die Magdalene nicht mehr an und
bezüchtiget sie der Zauberey. Die schwermüthige
Magdalene verfließt in Thränen, sie eilt dem
Arzte zu, um von ihm die Wirkung des Cof-
fees zu erfahren. Der Arzt weißt sie zurecht
und die Bangigkeit weicht von selbst; gleichwol
ist die Magdalene von diesem kranken Weibe und
ihrer hirnlosen Familie noch nicht aus der Liste
der Hexen ausgestrichen.

Das knochigte Gespenst.
S. Monatliche Unterredung von dem Reich der Geister.
S. 307.

Orestes, ein grosser Prinz, wurde wegen
einem sehr vertrauten Umgang mit Pilades, der

ein protestantischer Prinz und von außerordentlicher Stärke war, Nachts durch ein Gespenst geplagt. Es versteht sich von selbst, daß das Gespenst in der Gespenster-Stunde und Farbe erschien, Ketten schleppte, und izt zweckmäsig auf die Kezer schimpfte. Pilades darf die StrafPredigt mit anhören. Pilades, stark wie Simson, faßt das Gespenst, und fühlt, daß es sehr dichte Beine und Knochen hatte; schwingt mit einer männlichen Fertigkeit diese geistliche Last auf seine Arme, eilt mit demselben zum Fenster, und wirft den Geist, ohne ihn zuvor zu katechisiren und nach seinem Namen und Vaterland zu fragen, alles Zappelns ohngeachtet zwey Stock hoch hinunter in Graben. Von Stunde an erschien das Gespenst nicht mehr.

Das dritte Stück.

Von dem Teufel.

Num mea Thessalico languent devota veneno
 Corpora? num misero carmen & herba nocent?
Sagave phœnicea defixit nomina cera,
 Et medium tenues in jecur egit acus?

Ovidius.

Wir leben in Zeiten, wo man es als ein Kennzeichen eines kleinen Geistes ansieht, wenn Jemand noch einen Teufel glaubt; ja wo diejenigen, die die gewönliche Lehre vom Satan

vortragen, als Theologen der alten Innung oder gar als Dummköpfe verlachet werden. Man spottet über den Teufel, versteht sich bey hellem Tage, oder, die eben nicht aufs ärgste den bösen Geistern mitspielen wollen, behalten die Worte bey, und laügnen die Sache in der That. Man sagt zwar, daß das Wort: Teufel, oft im Neuen Testament vorkommt, und daß die Juden sich den Teufel, als ein wirkliches Wesen, als einen Geist, als eine Person vorgestellt haben; Man findet es aber nicht für rathsam, ohne Umstände zu sagen, daß man keinen Teufel glaube. Man heuchelt also, und redet mit andern Leuten in den ihnen gewönlichen Ausdrücken. Man sagt offentlich, daß man einen Teufel glaube; Fragt man aber weiter nach, was dieser Teufel sey: so erklärt man ihn für ein Vorurtheil der Juden, für eine abstracte Idee, und wer weiß, für was mehr, und laügnet, daß er ein wirkliches Wesen und eine Person sey. Ist das nicht ein Luftstreich? oder ein vorsäzlicher Betrug, um dies

jeni=

jenigen zu berücken, die sich mit Worten abspeisen lassen? Wenn man fragt, ob es einen Teufel gibt: so ist gar nicht die Rede davon, ob Menschen dieses Wort gebrauchen, und die Vorstellung von einem bösen Geiste im Kopf haben, sondern man will wissen, ob diese Vorstellung etwas wirkliches außer dem Menschen, einen Geist, oder was es sonst seyn mag, zum Grunde habe. Und wer dieses läugnet, der läugnet den Teufel in der That, wenn er auch gleich das Wort beybehält, eben so wohl als Spinoza die Wirklichkeit Gottes läugnete, ob er gleich die Wörter: Gott, Unendlichkeit, Allmacht, und Allwissenheit häufig gebrauchte. Denn sein Gott war von der Welt nicht unterschieden; er war die Welt selbst.

Erstlich bin ich zwar nicht in Abrede, daß ich diesen Lehrsaz: es ist ein Teufel, nicht für einen solchen halte, den man nothwendig wissen, und für wahr halten müsse, wenn man eine gegründete Hofnung zur ewigen Seligkeit zu ha-

haben wünscht *; Gleichwol glaube ich auch nicht, daß es gleich viel sey, was man von dieser Materie lehre und als Wahrheit ausbreite. Ist es an dem, wie es gewiß ist, daß feindselige unsichtbare Wesen unsrer Seele oder auch unserm Leib schädlich werden können: so bleibt es eine unabänderliche Pflicht eines Christen, Gott für die Errettung aus der Gewalt derselben zu danken, Christum als den Ueberwinder des Satans zu loben und zu preisen, und durch Gebet und Wachsamkeit gegen diese Feinde zu kämpfen. Ist aber die Idee vom Satan eine Chimäre: so sind auch alle diese Vorstellungen, die mit dem gewöhnlichen Lehrbegrif der Glaubenswahrheiten in so genauer Verbindung stehn,

eben

---

* Der selige Kanzler D. Reuß sagt in der Dissertation, die er Anno 1776. de malis Spiritibus gehalten hat, S. 59. also: Ad fundamentales illas doctrinas, ex quibus omnis vera ac salutaris in Deum & Salvatorem fides studiumque virtutis & sanctimoniæ pendet, referri utique non debent, quæ de diabolo in sacris literis traduntur. —

eben so viele Chimären. Hat sich Christus, wie einige glauben, wenn er vom Satan redete, bloß nach den aberglaubischen Meinungen der Juden gerichtet: so sind sehr viele Stellen des Neuen Testaments ganz anders auszulegen, als man sie bißher verstanden hat. Ja es entsteht die wichtige Frage: ob sich nicht unser HErr auch in dem Vortrag andrer Glaubenslehren nach den irrigen Meinungen der Juden gerichtet, und bey seinen Worten etwas ganz anders gedacht habe, als seine damaligen Zuhörer dabey denken konnten. Sie waren z. E. an die Opfer gewöhnt, an die Versöhnung mit Gott durch das Opferblut; vielleicht richtete er sich auch hierinnen nach ihren vorgefaßten Meinungen, und beredete sie, er wolle schon zum Opfer sich selbst darbringen; sie hätten nun nicht weiter nöthig, Gott durch Opfer zu versöhnen. So werden viele andere Reden Christi in eine heilige Allegorie verwandelt werden können, wie es bereits geschehen ist.

Zweitens gebe ich zu, daß die Wirkungen der bösen Geister und ihr schädlicher Einfluß auf die Natur der Menschen weder aus blossen Vernunftschlüssen, noch aus Erfahrung ausgemacht werden können. Bey einer jeden Erkentniß einer Sache muß man auf den Erkentniß-Grund sehen, woher die Erkentniß der Sache zu nehmen ist, wenn man nicht Luftstreiche machen, und im Finstern tappen will. Wenn ich die Wirkungen einer Uhr aus der Geographie erkennen lernen wollte: so würde ich jedem Thoren zum Gelächter werden. Wenn ich die Würtembergische Proceß Ordnung aus der Mechanik zu begreifen mir Mühe geben wollte: wer würde nicht lachen? Wenn Philosophen die besondre Wirkungen der Geister in der Philosophie suchen und Gründe dawider in derselben aufsuchen wollen: so ists lächerlich. Es ist wahr, daß Materie und Geister die beyden Hauptobjekte sind, deren Wesen und Eigenschaften die Weltweißheit untersucht, weil diese beyde von dem Schöpfer in der Welt in eine genaue Verbindung gesetzt sind; aber

aber die besondre Verrichtungen und Wirkungen der Geister, die keine Seelen sind, kann uns keine Philosophie entdecken, sondern hiebey kommt alles auf das Zeugniß dessen an, der das Reich der Geister, der ihre Wirkungen und Kräfte genau kennt. Folglich auf den Aussprüchen Gottes, auf den Worten Christi und seiner Apostel beruhet die ganze Sache.

Drittens gestehe ich zu, daß der Aberglaube zur Schriftlehre von den bösen Geistern hinzugekommen, und dieser so wohl als die unrichtige Anwendung der Lehre vom Satan manchen Schaden angerichtet habe. Wäre man bey der reinen biblischen Lehre hiebey geblieben; Hätte man nicht von Zaubereyen und Teufelsbündnissen und so manchen andern aberglaübischen Einfällen in Predigten und theologischen Lehrbüchern so viel ungegründetes geredet und geschrieben: so würde an der Existenz des bösen Geistes u. s. w. wohl nie leicht jemand gezweifelt haben. Aber wie es immer zu gehen pflegt, Aberglauben oder Unglauben! Wenige auf der geraden Strasse der reinen
Wahr-

Wahrheit. Was muß man denken, wenn in dem Leben des heiligen Dominikus gesagt wird, er habe den Teufel gezwungen, ihm bey seiner Ankunft das Licht zu halten; und weil ihm diese Arbeit ungewohnt gewesen, habe er die Finger dabey verbrennt? — Gleichwol ist es nicht zu entschuldigen, wenn man nach gemachter Entdeckung, daß eine Lehre verfälscht ist, die ganze Lehre verwirft, und, wie man spricht, das Kind mit dem Bad ausschüttet, sondern man nimmt das Wahre an, und sondert die Schlacken ab. Wo ist eine Wahrheit der christlichen Religion, von der man nicht leicht einen unrichtigen und schädlichen Gebrauch machen könnte? Wie wird die Lehre von der Barmherzigkeit Gottes auf Muthwillen gezogen? Doch ich entdecke noch einen andern Grund, warum Gelehrte oft auf die entgegengesezte Meinung gerathen. Es ist eben derjenige, der schon einen Tertullian, Augustin, Amsdorffen, Flacius und andere verleitet hat; denn auch unter den heutigen Verfechtern, die die Existenz des bösen

fen Geiftes und allen Einfluß deſſelben duf den
ſittlichen Zuſtand der Menſchen leugnen, würden ohnfehlbar einige ſo weit nicht gegangen
ſeyn, wenn ſie nicht durch die Gegner in die
Hize gebracht, und auf die andre Seite zu weit
hinausgetrieben worden wären.

1. Von der Geſtalt des Teufels.

Sonſt hat ein Geiſt nicht Fleiſch und Bein.
Wenn man aber die Kupferſtiche ſiehet, welche
ih den ſehr bekannten bibliſchen Hiſtorien des ſel.
Hübners und anderwärts vorkommen, und den
Teufel abbilden: ſo iſt er voll Fleiſch und Knochen. Dieſes Buch gibt man Kindern in die
Hände, daß ſie die bibliſchen Geſchichten leicht
lernen, woran ich nichts auszuſezen habe. Aber
was für Begriffe muß ein Kind von dem Teufel
bekommen, der doch ein Geiſt iſt, wenn es
denſelben bey der Verſuchung Chriſti in der ſcheuß-
lichſten Geſtalt ſiehet? Das Haupt gleichet einem Diſtelkopfe, auf deſſen beyden Seiten tüchtige

tige Bockshörner hervorragen, die Stirne ist hochgewölbt, der Mund sinkt zwischen der scharfvorspringenden Nase und langbartigten Kinn in eine tiefe Grube hinab, und der Gurt um seinen flatternden Rock ist eine greßliche Schlange, welche ihre giftige Zunge der Hand Christi nähert. Gleichwol ist diß noch eine mäßige Karrikatur, wenn man sie gegen den Vorstellungen hält, die bald darauf vom Teufel bey der Ausstreuung des Saamens und Unkrauts gemacht wird. Wenn man dem Christen von Kindesbeinen an einen gar zu fürchterlichen Begrif von dem Teufel einflößt; wenn man ihm immer von dem Teufel vorschwazt; alles Böse dem Teufel Schuld gibt, und Historien von dem Teufel erzählt, welche aus solchen fürchterlichen Mordgeschichten bestehen, daß einem darüber die Haare zu Berg stehen: so weiß jedermann, daß die Begriffe, die man in der Kindheit bekommt, die stärkste Gewalt über unser Gemüt haben. Man sollte demnach kleinen Kindern mit vieler Behutsamkeit und nur selten etwas vom Teufel vor-

vorſchwazen, damit ſich der Begrif von dieſem bö‐
ſen Weſen ſeines zarten Verſtandes nicht bemei‐
ſtere, und daſſelbe Zeitlebens in einen abſcheu‐
lichen Aberglauben verwickle. Als der gelehrte
P. Tanner im 30. jährigen Krieg Anno. 1631.
ſich von Ingolſtadt ins Tirol, ſein Vaterland,
geflüchtet hatte, und in dem Dorfe Unken ge‐
ſtorben war: ſo fanden ſeine Landsleute bey ihm
ein Mikroſkopium, in dem ſie ein vielfüßiges
haariges abſcheuliches Thier ſahen. Es mußte
der lebendige Teufel ſeyn, den dieſer Jeſuit mit
ſich geführet; darum er ſo gelehrt geweſen. —
Sie verwehren ſeinem Leichnam die geweihete Er‐
de zur Begräbniß, bis ſie endlich durch den
Augenſchein überzeugt wurden, daß es eine na‐
türliche Spinne ſey, was ſie geſehen. So
ſchreibt man dem Satan auch eine ſchwarze Ge‐
ſtalt zu; und beym Schazgraben braucht man
eine ſchwarze Kaze, einen ſchwarzen Hahn; ſo
liegt auf dem Schaz ein ſchwarzer Hund —
weil die alten Heyden den unterirrdiſchen Göt‐
tern,

tern, dem König der Höllen schwarze Thiere opferten.

2. Von der Macht des Teufels.

Der Teufel hat eine Kraft, etwas zu seiner Wirklichkeit zu bringen. Seine Macht ist groß; er ist ein Fürst über Legionen. Wie groß sie aber sey, ist bey dem Stillschweigen der heiligen Schrift unmöglich genau zu bestimmen. Die allermeisten Christen stellen sich seine schädliche Macht nicht geringer, als eine Allmacht oder als die Macht der bösen Gottheit der Manichäer, vor. Man sage ihnen die ungeheursten und unmöglichsten Bezauberungen und Verwüstungen der Natur vor, sie werden dieselben alsobald glauben, so bald man sagt, der Teufel habe es gethan; denn was kann nach der Leute Meinung der Teufel nicht thun! Sagt man aber den meisten Christen von der Allmacht Gottes; sagt man: Fürchte dich vor dem, der Leib und Seele verderben kann in die Hölle; Fürchte

sein

sein Mißfallen, versichere dich seiner Gnade; denn magst du alles, was dich sonst ängstet, in Wind schlagen: so werden sie höchstens nur einen sanften Seufzer seufzen. Allein man fange von dem Teufel an zu reden; man sage: der Teufel werde sie holen, und in tausend Stücke zerreissen: sie werden alsobald vor Schrecken zusammenfahren, sich bekreuzen und segnen, und sich umsehen, ob er nicht schon hinter ihnen stehe, und sie werden uns bitten, ja nicht so verwegen zu seyn; denn der Teufel komme wol ohnedem, man dörffe ihn nicht mit Fingern an die Wand malen. Ist dieses nicht ein offenbarer Beweiß, daß solche Leute den Teufel mehr fürchten, als GOtt? Die Macht des Teufels ist eingeschränkt, die Macht Gottes ist ohne Schranken. Sie kommt in keine Vergleichung mit der Macht Christi; denn Christus hat dem Teufel die Macht genommen, und die den Menschen nachtheilige Macht damit so eingeschränkt, daß kein wahrer Christ ferner sich davor zu fürchten Ursache hat. Sie ist geringer als die Macht der Engel nach Apok. XII. 7. 8. auch geringer als die Macht eines wachsamen Christen nach 1. Petr. V. 9. Jak. IV. 7. Der Teufel kann dem Christen nicht ein Haar krümmen, und ohne Zulassung und Regierung Gottes nichts böses stiften. Unter dem Schuz Gottes kann der Christ mitten unter allen Teufeln im höchsten Grad die vollkommenste Sicherheit geniessen, und sagen:

> Und wenn die Welt voll Teufel wär,
> und wollt uns gar verschlingen;
> So fürchten wir uns nicht so sehr,
> Es soll uns doch gelingen ---

Es ist demnach ein höchst unvernünftiger Aberglaube, wenn ein Christ den Teufel zu viel fürchtet, wenn er alberne Possen und Gebräuche unternimmt, z. B. Viehställe bekreuzt u. d. um vor dem Teufel sicher zu seyn.

Gleichwol ist die Macht des Teufels groß. Er kann irrige Vorstellungen von Gott und seinen Eigenschaften, Zweifel an seiner Gnade oder Ge=

Gerechtigkeit, und andere Abweichungen vom Gesez hervorbringen. Daher warnet Christus seine Jünger, sie sollten auf ihrer Huth seyn, daß sie nicht, was der Satan gerne haben möchte, zu Zweifeln und Unglauben verleitet würden. Der Satanas, spricht Christus, hat euer begehrt, daß er euch sichte, wie den Waizen. Daß der Teufel auf die Seele und Leib des Menschen wirken könne, beweiset die Schrift; wie er wirke, sagt sie nicht, mithin wissen wir es auch nicht. Wenn die bösen Geister Körper haben, wie es mehr denn wahrscheinlich ist; wenn diese Körper aus einer solchen Materie bestehen, dergleichen die elektrische ist: so werden ihre Wirkungen auf die Empfindungswerkzeuge und das Nervensystem der Menschen einem jeden, der ernsthaft über diese Sache nachdenket, leicht begreiflich werden. Erweckt der Magnetismus nicht Konvulsionen? Macht die grosse Sonnenhize nicht rasend? Erzeugt der Wein, unmäsig getrunken, nicht stolze, wollüstige, rachgierige Empfindungen und Gedanken? Es kann

kann also auch ein Geist, wenn er durch subtile Theile der Natur wirkt, einen Einfluß auf den Leib oder die Seele des Menschen haben. Die Meinung, daß der Allerhöchste dem bösen Geist zuweilen Erlaubniß gebe, einem verwegnen Sünder zu schaden, ist der Ehre Gottes eben so wenig zuwider, als es der Ehre eines Monarchen entgegen ist, durch einen Scharfrichter Missethäter peinigen zu lassen. Wir finden aber kein einiges gewisses Beyspiel weder in der heiligen Schrift noch anderwärts, daß Gott dem Teufel Erlaubniß gegeben, einem Menschen den Hals umzudrehen, und ihm das Leben zu nehmen. Die zween Jenaischen Schazgräber nebst dem einen Wächter, welche nach dem Urteil der Unwissenheit mit Gewalt vom Satan sollen erwürget worden seyn, starben Anno 1715. von nichts anders, als dem Kohlfeuer, das sie in der Christnacht in einem Weinberghäusgen, weil es kalt war, hatten*. In einem verschloßnen Ort ist

---

* S. Europäische Fama Th. 183. S. 217. und 397.

ist Kohlfeuer, wenn es noch rohe und unausgebrannte Kohlen hat, allzeit schädlich; in freyer Luft aber ist der Schwefel der Gesundheit des Menschen nicht nachtheilig; sonst müßte die Luft um Neapel ungesund seyn, welches sie doch nicht ist. Eine jede unreine Luft ist schädlich. Bey dem Umgraben und Abebnung der wilden Gegend, wo nun das prächtige Versailles stehet, starben etlich tausend arbeitender Soldaten; und noch mehrere Menschen starben bey der Grundlegung von Petersburg. Fast alle Winter erstikken Arme in ihren Hütten von dem Kohlendampfe. Ja der Teufel darf nicht nur keinem Menschen das Leben nehmen, sondern ihn zutheuerst auch nicht besizen. Nur zu den Zeiten Christi und der Apostel und wenige Zeit hernach gab es Besessene, durch welche der Teufel redete, ihren Leib quälte, und darin wunderbare Dinge vornahm. Weder im Alten Testamente noch zu unsern Zeiten trift man ein einiges Beyspiel davon an. Bey allen Besizungen, die heutzutage vorgegeben werden, ligt Boßheit oder Einbildung

zum

zum Grunde. Daher wünschte ich auch, daß der Exorcismus bey der Taufe in allen Kirchen, wo es noch nicht geschehen, weggeschaft würde. Man gibt ihn zwar nicht, als etwas zum Wesen der Taufe nothwendig gehöriges an, sondern will damit nur das tiefe Verderben der Erbsünde anzeigen; allein was muß das Volk hie‍bey denken, wenn es die Worte höret: Fahre aus, du unreiner Geist, und gib Raum dem heiligen Geiste! Es muß glauben, daß die Kinder vor der Taufe leiblich vom Teufel besessen seyen. Eine Mutter, bey deren Kindstaufe der Exorcismus war weggelassen worden, kam zu D. Spener, und klagte ihm, daß ihr Kind Tag und Nacht schrie. Sie glaube nicht anders, der Teufel müsse noch in ihm sizen; und bat, man möchte es doch noch einmal taufen, und den Teufel austreiben.

3.) Von

3.) Von der Gemeinschaft mit dem Teufel.

Zauberer und Hexen stehen in dem engsten Bande mit dem Teufel, durch dessen Hülfe sie mit Beobachtung gewisser Formeln, Sprüche und Gebräuche, die weder dazu geschickt noch zureichend, aber doch daran, als an Bedingungen verknüpft sind, solche Dinge auszurichten vermögen, die sonst über die menschlichen Kräfte sind. Schliessen sie gar Bündnisse mit dem Teufel, so versprechen sie ihm zu dienen; dafür sie Ruhm, Pracht, Geld, Wollüste u. d. von dem Bösen erhalten; das Ende davon ist der Verlust der Seele. Nun ist kein Zweifel, daß der Satan, dieses höhere Wesen, auch grössere Einsichten, eine höhere Kraft und ausgebreitetern Wirkungs-Kreis, als wir Menschen, habe; gleichwol gehöret diese Art von Zauberey unter die Feenmährchen. Wenn die Schrift von Zauberern redet: so erkläret sie nirgends, was für Leute durch solche Benennungen zu verstehen sind; daher ist es unmöglich, mit

mit völliger Gewißheit zu sagen, was für Künste sie getrieben. So viel ist aus 5. Mos. XVIII. 9. gewiß, daß es heidnische Künste und Greuel gewesen, wodurch die Israeliten veranlaßt worden, den wahren Gott zu verlassen, und in das Heidenthum zu verfallen. Ob diese Zauberer also gleich nur Betrüger waren: so will sie dennoch Gott am Leben gestraft wissen, weil ihre Kunst heidnisch war, und zu Verführung des Volks Anlaß gab. Die Zauberer waren entweder Betrüger, oder Betrogene, oder auch gar unschuldige Leute, die man aus Haß und Neid für solche ausgab, um sie dem Henker in die Hände zu spielen. Die heidnischen Pfaffen wollten alle Wunderthäter seyn, und weil so mancherley Priester waren, als sie Gözen hatten: suchte sich eine Partie für der andern einen Anhang zu machen. Dazu war nun nöthig, die Gegenpartie zu lästern, als wenn sie es mit bösen Geistern zu thun hätte und die Goetie übte; mithin Zauberer wären. Die ersten Christen, welche noch allenthalben mit Heiden umgeben

geben waren, nahmen die Sache für bekannt an, und beschuldigten alle heidnische Pfaffen des Umgangs mit den bösen Geistern. So ward die Meinung, daß es Zauberer gebe, welche durch Hülfe des Teufels wunderbare Dinge thäten, zuerst in die christliche Kirche eingeführt, und hat seitdem nicht wieder können ausgerottet werden. Ja es entstunden auch in ihr Zauberer, ein Simon und andre, die prahlende Betrüger waren. Ueberdiß sind schon sehr Viele, insonderheit Erfinder neuer Dinge z. B. des Schießpulvers, der Druckerey u. s. w. einzig darum für Zauberer erkläret worden, weil der Pöbel nicht gleich aus natürlichen Ursachen ihre Kunst herleiten konnte. Es war ehedem nicht selten, daß man außerordentlichen Männern, einem Alberto Magno, Trithemio und andern, einen vertrauten Dämon zuschrieb, dessen Beystand sie ihre Gelehrsamkeit, ihr Glück und ihre Beförderungen zu danken hätten.

Bündnisse, welche Menschen mit dem Teufel gemacht haben sollen, sind ohnfehlbar in der Barbarey des dreyzehnten Jahrhunderts aufgekommen, wo der Verstand allzudunklen Ecken hatte, und das Herz voller Auswüchse war. Weder in der heiligen Schrift ist eine Spur davon anzutreffen, noch auch, so viel mir bekannt, in den Büchern der Alten. Bey den meisten Beyspielen ist der Betrug an Tag gekommen; bey andern bleibt wenigstens der Verdacht davon übrig; und ich erinnere mich wenigstens nicht, ein Exempel gelesen zu haben, wo alle Furcht eines zu besorgenden Betrugs wegfiele. Cäsarius von Heisterheim, ein phantastischer Mönch aus dem Cistercienser Orden, soll der erste gewesen seyn, der sich von dieser teuflischen Bündniß hat träumen lassen. Man schrieb ihm nach, und diese Meinung wurde allgemein. In einem andern Betracht finde ich satanische Bündnisse unter den Menschen selbst. Es geschiehet nicht selten, daß ein vornehmer Lasterhafter mit einem seiner Geschöpfe einen Ver=
tag

trag macht, daß dieses ihm zu seinen Lastern behülflich seyn, und er es dafür reich und angesehen machen wolle. Es heißt was, sein Gewissen brandmarken! und darin müssen ja Geschöpfe eines vornehmen Mannes ihre Anhänglichkeit gegen ihm beweisen. Dreyßig jährige treugeleistete Kriegsdienste können nicht in Anschlag gegen einer einzigen Nacht kommen, darin ein gefälliger Liebling auf Verlangen seines Herrn mitschwelgt, und sich in Lastern ihm zu gefallen herumwälzt; ja ein Herr hat nicht einmal so viel Gewalt, einen solchen Seelendienst verhältnismäßig zu vergelten. Wenn der Abt Dubois von dem Herzog Regenten zur Belohnung seiner unzüchtigen Vermittelungen einen Cardinalshut erhält: so wundere ich mich darüber nicht. Ich wundere mich nur, daß er ihn nicht gar zum Pabst gemacht.‘ Wenn ein Richter, der eine streitende Parthie, die freilich tüchtige Beweisgründe zu ihrem Rechte hat, verlieren läßt, um eine Frau gewinnen zu lassen, die ihm ihre Ehre aufgeopfert hat: so ist

die

dieses das geringste, was er für sie thun kann. Da die Seele unstreitig edler ist, als der Leib: so sezt der unwidersprechlich mehr auf das Spiel, der sich um eines andern willen in Gefahr begibt, seine Seele zu verlieren, als einer, der im Krieg nur sein Leben wagt. Was für einen innern Kampf steht nicht ein Mann aus, der einem Vornehmen zu gefallen einen falschen Eid thut, ein Mädchen verführet? Wenigstens muß er das erstemal, wenn ihm eine solche Handlung aufgetragen wird, den heftigsten innern Streit erdulten. Ich glaube, daß die Alten eben diese Wahrheit eingesehen, und sie nur unter einer Einkleidung vorgetragen haben. Ich finde sie ganz deutlich in der Fabel von den Bündnissen, die einige Menschen mit dem Teufel sollen gemacht haben. Wenn die Bulle Pabst Johannis XXII. ein solches Bündniß auf Jes. XXVIII. 15. gründet: so verdienet sie keine Widerlegung.

In der Gemeinschaft des Teufels und durch seinen Beystand will der Mensch 1.) die ganze Natur verändern, und Bliz, Donner und Hagel in seiner Gewalt haben*. Nach seiner Meinung schleudert der Teufel die Schloossen wider die Saamenfelder, und locket Betrunkene durch Irrwische in Sümpfe; und diese Macht theilet er auch gerne seinen Spießgesellen mit, daß auch sie Donnerwetter machen und Winde verursachen können. Der Teufel wird zwar Ephes. II. 2. ein Fürst der Gewalt der Luft genennet. Nun wenn hier von einer leiblichen Gewalt die Rede ist, wodurch leibliche Wirkungen hervorgebracht werden: so genade Gott den Menschen und besonders den Frommen. So haben sie dem Teufel zu danken, wenn sie noch Luft schöpfen dörfen; So haben sie ihm ihren Athem, die Erhaltung ihres Lebens, welches ohne Luft nicht einen Augenblick bestehen kann, Regen und Schnee,

---

* S. das sechste Stück der zweiten Sammlung S. 125.

Schnee, und selbst den Sonnenschein zuzuschreiben. Wir dörften nicht mehr von Gott allein sagen: Sein Aufsehen bewahret unsern Athem; sondern dieser Ruhm gebührte auch dem Teufel. Allein es ist hier nur von geistlichen Kräften und Wirkungen in den Herzen der Ungläubigen die Rede. Denn nach v.1. redet der Apostel von dem geistlichen Tode durch Uebertretung und Sünde — Nach v.2. von dem Wandel der Menschen von Natur und vor ihrer Bekehrung — nach dem Lauf und Weise dieser Welt und des Teufels — Nach v. 3. von dem Wandel in den Lüsten des Fleisches und Vollbringung des Willens desselben. — Zwischen solchen klaren Ausdrücken stehet der noch dunkle vom Fürsten der Gewalt der Luft mitten inne. Er kann keine andere Bedeutung haben, als die ich bereits angeführet. Auch bedeutet das Wort Luft nicht selten Finsterniß. Einmal die Erde ist überall des HErrn, und alles, was darinnen ist. Nur allein Gott läßt donnern. Unsere von Jugend auf eingesogene Meinung von der leiblichen grossen Gewalt

des

des Teufels verleitet uns, daß wir in jedem Hagelwetter einen Zauberer und in jedem Windwirbel eine Hexe suchen. Der Fürst der Luft muß nach der hirnlosen Erklärung der Stelle Matth. IV. 5. den HErrn Jesum angegriffen, und mit Gewalt durch die Luft hin auf die Zinne des Tempels geführt haben; er muß auch die Hexen durch die Luft nachschleppen, und sie auf dem dürren Blocksberg, diesem berühmten Mittelpunkt der Hexen, des Aberglaubens und des Unsinns, den Anselmus Rablosus, nach seinem in diesem Jahr edirten Reisebuch durch Oberteutschland, auf den Gefildern Schwabens entdeckt haben will, niederlassen. Dank dem Thomasen und Bekkern, die uns von diesen Cannibalischen Zeiten befreyet, daß seither manches Mädchen ruhiger schlafen und träumen, und manche Alte ohne Furcht vor dem Scheiterhaufen herumkriechen darf; oder wie die *Memoires pour servir à l' Histoire de Brandenbourg* sagen: depuis le sexe put vieillir & mourir en paix.

Er

Er will 2.) durch den Teufel Geld und Ansehen bekommen. Alle diejenigen, die durch die böse Geister Geld gesucht haben, sind lebenslänglich die ärmsten Teufel geblieben. Es ist seltsam; bald macht man den Teufel zu einem allmächtigen Geist, bald soll ein schwaches Weib denselben durch Wörter, Kräuter, Rauchwerk u. d. bannen, und in Sack schieben können. Brantome spottet über die Weibermärchen, indem er sagt: Der grosse Verstand, die Kenntnisse, die Wachsamkeit, die Fertigkeit, der Muth und das Glück seyen die einzigen Dämons gewesen, die den Salvoison in seinen Unternehmungen unterstüzt hätten. Von dem Marschall Matignon wußte man, daß er während seiner Verwaltung von Guyenne in einer Zeit von 12. Jahren 100.000. Livres jährlicher Einkünfte sich erworben, und man sagte: er habe diese Schäze durch den Beystand des bösen Geistes erhalten. In der That aber hatte er seinen Reichthum der Gunst des Hofes zu danken. Wenn auch noch heutzutage ein armer, aber fleißiger Mann reich wird:

wird: so muß es nicht recht zugegangen seyn, und man macht es ihm, wie es vor diesem dem Julius Cresenus ergieng, der nach der Erzählung des Plinius von seinen Nachbarn der Magie wegen angeklagt wurde, weil nämlich sein Boden weit mehr, als der Boden der Nachbar hervorbrachte. Beym Verhör nahm er die Schaar hurtiger Kinder, er nahm das zahlreiche und wohlgenährte Vieh, und die vortheilhaften und gut unterhaltenen Geräthe mit sich. Nun, sprach er zu den Richtern, nun würdet ihr meine ganze Rechtfertigung sehen, wenn ihr noch meine Unverdrossenheit sähet.

Er will 3.) durch blosses Anschauen bezaubern, einen Dieb bannen, sich festmachen, und durch Nestelknüpfen zu der ehlichen Pflicht untüchtig machen können. Der Teufel muß auch hiebey das Beste thun. Der Grund jenes falschen Sazes, als könne man durch blosses Anschauen bezaubert werden, bestehet darin, daß man ehedem glaubte, das Sehen geschehe durch gewisse

Stralen, die aus dem Auge ausgehen, mit welchen Stralen zugleich verschiedne, mißgünstige Geister oder Ausdünstungen aus den Augen dringen, wodurch der angesehene Körper angesteckt und vergiftet werde; da doch die neuern Physiker mit Recht das Gegentheil behaupten und sagen, daß Körper die Lichtstralen zurückwerfen, welche den Sehnerven in unserm Auge berühren, und dadurch diejenige Empfindung in uns hervorbringen können, die wir das Sehen nennen. Das ist wahr, daß mancher närrisch verliebter durch Ansehen der geliebten Person schon in Raserey verfallen. Aber das ist keine Bezauberung zu nennen.

Ein mancher Dieb weiß über seinem Diebstahl für Furcht und Herzklopfen nicht, was er thut, und verweilet sich darüber länger, als er sollte. Wird er über der That ergriffen; so geräth er bald auf die Gedanken, er sey gebannet worden, und habe sich nicht von der Stelle bewegen können. Besonders die Schäfer,
die

die Tag und Nacht auf freyem Felde sind, lassen diesen Wind vor sich her wehen, als könnten sie bannen, wodurch sie sich für einem Ueberfall sicher stellen wollen. Aber warum haben sie wachsame und starke Hunde, wenn sie bannen können? Kein Mensch, ja der Teufel selbst nicht, ist im Stande, einen Menschen plözlich zu lähmen, und plözlich wieder die Lähmung zu heben.

Das Festmachen, oder die so genannte Passauer Kunst, hat ehedem unter den Fittichen des Henkers zu Passau Schuz und Ruhm gefunden. Dieser Bramarbas schuf aus dem Heer, das Anno 1611. um Passau lag, eine Menge feiger Memmen zu muthigen Kriegern in einem Augenblick um, indem er ihnen papierne Zettul eines Thalers groß, welche mit wunderlichen Caracteren und unbekannten Wörtern bezeichnet, und an einen meßingen Stock abgedruckt waren, zu verschlingen gab, wodurch sie seiner Sage nach fest gemacht wurden, daß die Kugeln sie nicht tödten, und die Schwerdter nicht verwunden konnten. Die Hauptleute liessen es geschehen, da ihnen dadurch der Sieg erleichtert ward. Die im Krieg Getödtete konnten sich über den erlittenen Betrug nimmer beklagen; und die lebendig Erhaltene schrieben ihre Erhaltung nicht der göttlichen Vorsehung, sondern der Kunst des Henkers zu. Die Sage vom Festmachen ist ohnfehlbar daher entstanden, daß mancher Officier, wenn er seine Soldaten an den Feind geführt, für rathsam gefunden, ihnen ein Herz zu machen, und fürzugeben, als könnte er mit seinem Commando-Stab alle Kugeln abweisen. Oft werden die Kugeln lahm und fallen nieder, ehe sie den Leib des Feindes berühren; oft glitschet der Sabel an einem eisernen Schedel ab, oder fällt auf dem wildledernen Rücken flach auf. Die Kriegsleute des Ziska bekamen nach und nach so eine dicke Haut, daß Säbelhiebe und Kugeln aus dem kleinen Geschoß wenige Wirkung auf ihren Leib thaten, und mußten daher feste seyn.

Das

Das Nestelknüpfen zeigt eine Knüpfung eines Knotens an, wobey eine magische Wirkung vermittelst des Seegensprechens u. s. w. statt finden soll. Man sagt, es könne dadurch einem Menschen die Mannheit benommen werden, wenn in das Hosenband ein Knoten gebunden würde, oder wenn Personen vor dem Altar stünden, um sich durch priesterliche Einsegnung zu verbinden, und eine böse Person knüpfte einen Knoten mit besondern Ceremonien und Worten, indem der Prediger den Segen spräch. Besonders soll solche Hexerey viele Kraft haben, wenn die Verlobten nicht nahe aneinander vor dem Altare stünden, und eine böse Person zwischen sie hindurch sehen könnte *. Man glaubt auch, daß durch ein Schloß, welches unter der Einsegnung der Verlobten auf gewisse Art zugeschlossen würde, die Untüchtigkeit des Ehestandes bewirkt werden könne. Sollte das Nestelknüpfen

wahr

S. das fünfte Stück der zweiten Sammlung.

wahr seyn: so wäre es ein Werk des Teufels. Allein es ist der Weißheit Gottes ganz entgegen, dem Satan so viel Gewalt zu verstatten, neuen Eheleuten wegen dem Neid eines Menschen zu schaden. Vielmehr sind Leute, die entweder von Natur zu dem ehlichen Werk untüchtig, oder die unter der Fahne der Venus zuvor Helden waren, nunmehr aus ihrer Schuld in der Ehe Invaliden, und schieben die Schuld ihrer Untüchtigkeit auf Zaubereyen. Ohnfehlbar ist dieses der Grund von der Fabel des Nestelknüpfens. Zudem gibt es auch natürliche Mittel, dadurch die Untüchtigkeit im Ehestande bewirkt werden kann. Wider das Nestelknüpfen braucht man lächerliche Mittel, z. B. ein Ring am Finger getragen, worin das rechte Auge eines Wiesels eingefaßt ist: der Genuß der Hauswurzel; man soll durch den Trauring sein Wasser laufen lassen; man soll sich mit dem Zahn eines todten Menschen räuchern; von einem Grünspecht essen; über eine Thürschwelle gehen, unter welcher man Quecksilber in einer mit Wachs

zuge-

zugestopften Feder gelegt hat. Ehe der Bräuti=
gam zur Kirche mit der Braut gehet: soll er
das Bierfaß anzapfen und den Zapfen zu sich
stecken. — Wenn je eines von diesen vorgegebe=
nen Mitteln geholfen hat: so ist blos damit die
Einbildung, als seye man zu ehlicher Beywoh=
nung untüchtig, gehoben worden. Man sehe
D. Krügers Wahrnehmungen zur Erläute=
rung der Seelenlehre S. 71. 96. f. so wird
man sich wundern, was für besondre Wirkun=
gen die Einbildung haben könne. Wenn die
Kräfte durch unmäßigen Gebrauch, Krankhei=
ten, schwere Leibes und Gemüts Arbeit gänz=
lich erschöpft sind: so verschwindet die Hofnung.
Wenn aber die Schamhaftigkeit abgelegt, die
übermäßige Liebe, Freude oder Traurigkeit ge=
mindert, der Widerwille gehoben, die thörich=
te Einbildung weggeschaft, und den natürlichen
Mitteln, wodurch es verursacht worden, durch
andere Arzneyen begegnet wird: so gibt sich
die Sache von selbst, und darf man nicht erst
die Zauberer bitten, den gemachten Knoten auf=
zulö=

zulösen, das Schloß aufzuschließen, und andere vorgenommene Narrenpossen aufzuheben.

Schande, daß Christen mit dergleichen Thorheiten sich abgeben, auch die Macht des Teufels so erheben, und die Vorsehung so sehr heruntersezen! Wenn die Söhne Jakobs Christen aus dem lezten Jahrhundert gewesen wären, und es wäre ihnen begegnet, sie hätten das Geld den königlichen Bedienten hingezehlet; sie hätten gesehen, daß diese solches zu sich genommen haben, die Säcke vor ihren Augen zugebunden worden; und sie hätten doch hernach ihr Geld, eben dasjenige, das sie ausbezahlet hatten, wieder in ihren Säcken gefunden; Wenn den Christen, sage ich, dergleichen begegnet wäre: was würden sie gedacht haben? Der Teufel hat das Geld wieder in die Säcke gebracht! es ist hineingehext worden! die Egyptischen Zauberer haben es durch Hülfe des Teufels hineingezaubert! Nein, die Söhne Jakobs dachten: das hat Gott gethan. Die Christen sollten wohl mehr Erkenntniß haben!!

Das

Das vierte Stück.

Von dem Blut- und Schwefel-Regen, auch von dem Regenbogen-Schüsselen.

Omnia transformant sese in miracula----

Virg.

Telamon saß, da ich ankam, in seiner Laube. Sie war von einer doppelten Reihe von Stauden dichte bedeckt, und hatte vier Defnungen statt der Fenster, durch welche man in diesem natürlichen Lusthause nicht nur in den ganzen Garten, sondern auch in vier in dem Wald ausgehauene Alleen sehen konnte. Wie schön stach nicht das Silber seines Scheitels an dem dunkelgrünen Teppich der Laube ab! wie angenehm spielte nicht die lächelnde und frische Röthe seiner Wangen! ich kann nicht beschreiben, wie verehrungswürdig mir dieser alte Kriegsmann izt vorgekommen, nachdem ich ihn einer Schilderung so ähnlich sah, die ich unterwegs im Homer vom Agamemnon gelesen hatte—

Dieser erfahrne Kriegsmann war damals in dem Oesterreichischen Lager bey Horselitz Anno 1741. zugegen, als den 21. Jun. ein Geistlicher aus Prag im Lager ankam, welcher ein grosses Verlangen bezeugte, den Prinz Carl zu sprechen. Er brachte diesem Prinz mit den ängstlichsten Geberden die unerwartete Nachricht

von dem Blutregen,

der Abends zuvor in Prag gefallen sey. Tiefaus-
holend

holend weiset er ein Stückgen Holz und Papier
auf, worauf noch Blutstropfen zu sehen waren,
mit dem Vermelden, er habe gleich darauf Gelegenheit gesucht, aus Prag zu entkommen; er
bäte nur, man möchte ihm erlauben, so lange
im Lager zu bleiben, bis man sehen würde, was
dieses Mirakel bedeute *. Telamon, der an
diesem ehernen Kopf ein Werk der Barmherzigkeit
thun, und ihm die Furcht, die allzusehr auf
seine zarten Nerven wirkte, benehmen wollte,
nahm ihn mit sich in sein Zelt. Er merkte bald,
daß dieser Geistliche, den ich Robert nennen
will, unter einer dicken Luft geboren seyn müsse, und schwer begreife. Nach einer kurzen Unterredung von der innern Verfassung Prags gien-
gen sie zu Tische. Des Priesters vorgewiesene
Blutstropfen ließ man in dem Lager von einem
Zelt

---

* S. Leipziger Sammlungen von wirthschaftlichen und
andern Sachen. II. Band. 1745. S. 788. S. auch
D. Becmani Diss. de Prodigiis sanguinis.
Francofurt. 1684.

Zeit zum andern mit gutem Bedacht sehen, und brachte sie eben in Telamons Zelt, da sie zu Tische waren. Telamon, auf dessen Brust nicht leicht etwas sizen blieb, fragte den Geistlichen: ob er im Ernst glaube, daß es wahre Blutstropfen wären, was auf diesem Holz und Papier rothfärbig erschien, und sie etwas widriges zu bedeuten hätten? Und warum das nicht? rief Robert, es ist ja möglich, daß es Blut regnet; wir wissen von den ältesten Zeiten, daß es Blut geregnet. Je nun, erwiederte Telamon, wenn wir dieses heut zu Tage noch glauben wollen: so sind wir hierin nach achtzehn hundert Jahren nicht so weit gekommen als Cicero, und haben die ersten Anfangsgründe in der Naturwissenschaft noch nicht einmal inne. Wir dürfen nur alles glauben, was der Fabelhans Prätorius u. a. aufgezeichnet haben: so muß Leinwand, Asche, Feuer, Korn, Gold, Silber, Eisen, Centnerschwere Steine, ja Kälber und Ochsen geregnet haben. Glauben Sie nicht, daß ich scherze. Er schreibt, daß Anno 1665. in

Nor-

Norwegen ein Wald des vorigen Tages schön grün gewesen; aber am folgenden ganz verdorret gestanden sey, und wäre über den Blättern lauter Leinwand, wie weiß Cammertuch oder Flor, gewesen; Man habe davon dem Dänischen Könige 20. Ellen, und einem Kaufmann in Hamburg auch ein Stück gegeben. Das ist doch wol eine handgreifliche Lüge. Man muß einmal Spinnengewebe für Cammertuch angesehen haben — Ein vornehmer Herr reisete mit einem zahlreichen Gefolge über das hohe Apenninische Gebürge. Wie sie die höchste Spize desselben erreichet: nahm ihnen allen ein Sturmwind die Hüte. Wo diese niedergefallen, muß es Hüte geregnet haben. Robert fühlte bey seinem kalten Gehirn das Feuer des Spaßes langsam, und fieng zu lachen an, da andere aufhörten; nahm aber bald wieder eine finstre Mine an, die lauter Klagen drohet. Telamon fuhr fort: "Man brachte einmal dem Rath zu Rom die Bottschaft, es habe Blut geregnet; ein Fluß sey in schwarzes Blut verwandelt worden;

den; die Bilder der Götter hätten geschwizet — welcher Naturkündiger, sagt Cicero*, will diß glauben? Blut und Schweiß kann nur in einem lebendigen Körper seyn. Doch kann das Wasser aus Vermischung mit einer gewissen Erde eine dem Blut ähnliche Farbe annehmen. ---- Dergleichen Dinge werden im Frieden nicht beobachtet, sondern zu Kriegszeiten, wenn die Menschen voll Furcht sind. — Vor dem Marsischen Kriege machten die Wahrsager ein Wunder daraus, daß die Mäuse des Lanucii Schild befressen hätten. Was ligt daran? Neulich haben die Mäuse, fährt Cicero fort, in meiner Bibliothek des Plato Bücher von der Republik benagt; also soll ich nun wegen der Republik in Sorgen seyn? oder wenn diß dem Buch des Epikurs von der Wollust widerfährt: also werden die Früchten theuer? die wunderbaren Dinge müssen eine natürliche Ursache haben, welche man zu untersuchen hat.„ Sollte man nicht zu

---

* de Divinatione Libr. II. cap. 22.

zu unsern Zeiten weit heller sehen, als zu Ci-
cerons? Die Kleinmuth des Menschen ist allzu-
schöpferisch in Erfindung neuer Qualen. Es sind
noch traurige Ueberbleibsel aus jenen finstern Zeiten, wo man durch erdichtete Mirakel den wiß-
losen Layen zum blinden Gehorsam hinriß, und
zu einem ergiebigen Beytrag die Hände öfnete.
Was sich in Regen auf die Erde ergießt: sind
wässerichten Dünste, die sich von ihr in die Höhe gezogen haben, und wenn sie in der Luft
näher zusammen rücken, und sich verdickern:
fallen sie tropfenweise auf die Erde. Halten
Sie nur ihre flache Hand eine kurze Zeit über
dieses warme Zugemüs: so werden sich wässe-
richte Dünste, gleich dem Thau, an derselben
ansezen, und wenn sich die Dünste haüfen, solche in Tropfen herabfallen. Sezen Sie nun ein
Schlachtfeld, welches Menschenblut stromweise
eingesoffen; sezen Sie einen See voll Bluts:
so werden die Dünste keine andere, als die Farbe des Wassers haben. Das Rosenwasser ist
nicht roth, ob es gleich aus hochrothen Rosen
aus-

ausgezogen worden. Ich will Ihnen kurz die wahre Ursache des Blutregens sagen. Wenn die Schmetterlinge aus ihren Püpgen hervorkommen, welches gemeiniglich zu Ende des Junii oder zu Anfang des folgenden Monats bey warmer Witterung geschiehet: so lassen sie einige Tropfen roth Wasser fallen, welche der Hauffe, bey dem das Eis der Unwissenheit noch nicht gebrochen, für einen Blutregen und für ein Anzeichen des blutigsten Krieges hält.

Der Eifer, womit mir Telamon diese Geschichte erzählte, sezte sein hinsterbendes Angesicht in eine jugendliche Glut, und es fehlte wenig, er hätte mich für Robert gehalten, und scharf herumgenommen, wenn nicht sanftere Züge, durch den Eintritt des Hrn. Pansophs in die Laube, sich seiner Mine bemächtiget hätten. Dem Anscheine nach ist Pansophs Körper eine wahre Tonne, für dessen Erhaltung er eben so ängstlich sorget, als man für ein Faß besorgt ist, welches alten 66. in sich fasset. Sein ganzes

Geschäfte ist die Staatskunst, sein ganzes Wissen Amerikens Schicksal, und seine ganze Lecture die Zeitungen. Er bascht Neuigkeiten, wie Buben Käfer. Allenthalben siehet er thürmende Wolken, die Sturm und Wetter prophezeyhen; und glaubt, das Schicksal entfalten, und an der grossen Kette der Dinge hinauf bis an den ersten Ring sehen zu können, der an dem Throne Gottes hängt. Da sein Geschwäz ein Gewebe von leeren Tönen ist: so beurlaubte ich mich.

Von dem Schwefelregen.

Im Frühling siehet man nicht selten Stäubchen, die sich auf dem Wasser sammlen. Sie bedecken nicht die ganze Fläche desselben, sondern gehen am Rande des Gefässes zusammen, sehen weislich aus, und sind so klein, daß man sie weder mit blossen Augen, noch mit einem gemeinen Vergrößerungsglaß, das etwas 36. mal grösser vorstellt, recht unterscheiden

konnte. Ob man auch gleich eine Menge mit einem Theelöffel abschöpfte, und sie auf weißlich Löschpapier goß, damit sie auf demselben deutlicher betrachtet werden könnten, wenn das Wasser würde weggeduftet seyn: so waren sie doch auf demselben nicht wol zu unterscheiden, sondern lagen als ein wüster Klumpen von Stäubchen dick aufeinander. Ich gebe denen vollen Beyfall, welche sie für Stäubchen von den im May blühenden Ficht- und andern Bäumen halten. Schwefel ist es auch darum nicht, weil sie sich mit dem Wasser durch und durch bis an den Grund des Gefässes durchs Umrühren vermischen, aber doch von selbst wieder in die Höhe kommen und oben schwimmen; da hingegen der Schwefel, der fast noch einmal so schwer ist als das Wasser, darin untergehet, wenn er gleich zu Mehl gerieben wird, so bald er nur ringsum naß worden. D. Henkel hat Anno 1718. dergleichen auf dem Regenwasser auch gefunden, und gesehen, daß es sich in der Flamme entzünde, wie das Semen Lycopodii, welches die
Ein-

Einfalt Hexenmehl nennet. Er meldet auch, daß dasselbe Jahr die Fichtenbäume geblühet, und wenn der Wind in die blühenden Fichten und Tannen gestossen: sey es nicht anders gewesen, als wenn die Bäume von der Menge des gelben Mehls gerauchet hätten, welches der Wind in die Luft umher zerstäubet.

Von dem Regenbogenschüsselen. *

Der Aberglaube beschmuzt auch den schönfarbigten Regenbogen, und schreibt ihm die Erzeugung und Ausstossung eines güldenen Geschirres zu, welches doch nur aus der Erde seinen Ursprung und unstreitig von Menschenhänden seine Gestalt hat. Allein es erscheint nicht alle Tage ein Regenbogen; seine Farben sind entzückend; Gott hat ihn gewürdiget, zum Zeichen seiner

---

S. M. Daniel Ringmachers Diff. de Nummis, cum ufu valentibus, tum memorabilibus, uti & de vulgo fic dictis Guttulis five patellis Iridis. Ulmæ. 1710.

Gnade zu machen; Man findet nur selten ein solches Goldstück, und seine Bestimmung ist noch unentdeckt; die Menschen haben überdiß eine rasende Begierde zum Wunderbaren, und den Meisten fehlet es, den wahren Zusammenhang der Ursachen und Wirkungen zu finden: was wunder, wenn sie dem Regenbogen eine außerordentliche Kraft zuschreiben, und in die Luft hinein eine Werkstätte dichten, worinnen dergleichen seltnen Geschirre geschmidet werden sollen?

Diese Geschirre haben mancherley schöne Namen bekommen. Sie heissen Afterifci, Guttæ Apollinis, patellæ Iridis, fcutellæ aureæ, flores Iridis, fpermata Solis & Iridis; im Teutschen sind sie auch unter dem Namen der Sternschosse bekannt. Sie sind alle von Gold, und wie grosse tieffe Pfenninge gestaltet, deren innerlicher Werth wegen ihrer verschiednen Schwere 2. bis 8. fl. beträgt; der Aberglaube aber hat sie auf einen unglaublichen Preiß erhöhet. Bey nahe ein jedes hat eine andere Figur. Man siehet darauf Laub, Köpfe, Sterne von vier Stralen,

len, Schlangen, gekrönte Schlangen, Vögel, Ringe u. d. Ohnlängſt ſah ich eines bey einem Prediger, das nicht ihm, ſondern einem Inswohner des Dorfes zugehörte, der es an dem Fuſſe der nach Cauſtatt gehörigen Weinberge fand, da der Prediger ſein Pferd ritt, und er ſelbſt den Fußweg lief. Anfangs glaubte er einen meſſingen Knopf gefunden zu haben, womit er ſeinen Kindern eine Freude machen könnte. Nachdem es der Prediger wog: ſo fand er es in dem Gewichte einer Dublone, für welches ihm der Goldſchmid 70. fl. verſchaffen wollte. Ein anderes, das einen Thaler werth war, wurde nach der Anzeige der zuvor angezogenen Diſſertation auf ein Anbot von 50. fl. nicht verkauft. Wiederum ein anderes von etwa 2. fl. wurde für 9. fl. zum Unterpfand angenommen. Der Preiß würde nicht überſpannt ſeyn, wenn es diejenigen Tugenden hätte, welche der Aberglaube ihm beylegt. Es ſoll Glück und Segen in ein Haus bringen, worin daſſelbe aufbewahret wird, und warum das nicht? iſt doch derjenige glücklich, der

der Gold findet; hingegen weiche der Segen, wenn man es verkaufe. Es vertreibe die schwersten Krankheiten, zutheuerst auch die Epilepsie und die hartnäckigsten Fieber, wenn man es in das Getränke des Febricitanten werfe. Ja es muß so gar auch einen Einfluß auf den moralischen Zustand eines Menschen haben. Es mache den Menschenfeind, wenn er es bey sich trägt, zu einem geselligen Geschöpfe und bey jedermann beliebt; es bringe Ansehen u. s. w. Gelehrte Leute haben solche Kräfte und Tugenden in diesen Schüsseln wahrgenommen, und sie zu solchem Ansehen gebracht. Es gehet mir bey, was Cicero einmal sagt: „Es ist nichts so ungereimtes, das nicht schon von einem Philosophen behauptet worden wäre.‚‚ Nun so lasse man dem vornehmen und gemeinen Pöbel seine Kappe, und begehre sie ihm nicht abzureissen! Nicht doch, sezet denn nicht der Mensch sein ganzes Vertrauen darauf, und entziehet es der göttlichen Vorsehung, welche doch allein über unsern Schicksalen wacht? Wenn ein Goldstück mein Glück

Glück aufrecht erhält: so ist Gott nicht mehr der Schöpfer meines Glücks, und der Fels meiner Wohlfart —

Das Gold soll auch diese Kräfte nicht von sich, sondern von seinem erhabnen Ursprung aus dem Regenbogen haben? Gut; der Regenbogen ist eine blosse Lufterscheinung, und nichts wesentliches, welcher nur so lange bestehet, als die Sonnenstralen in den sinkenden Regentropfen reflectirt und gebrochen werden. Die Hize der Sonne, die das Gold in den Erzgebirgen zur Reife bringen hilft, kommt hiebey in keinen Betracht. Sie vertrocknet vielmehr das Wasser, und nur die Kälte macht es hart und schaft es zu Eis, aber nicht zu Gold, um. Thurneisser träumet, wenn er sagt: „daß diese Schüsselchen von Kraft der Sonne durch Wirkung influentischer, natürlicher und elementischer Kraft, wenn die Sonne die Regenbogen bescheinet, in puncto der Zusammenkunft der Sonnenstralen und des Regenbogens gehling erschaffen und also ge-

formiret werden, und hernach herabfallen.„
Auf mein kritisches Gewissen, diese Erklärung
thut mir kein Genüge. Leere Töne, Gewebe
ohne Eintrag, Dunkel durch Dunkel, altmo-
dische Zufridenheit über flimmernden Goldblätt-
chen — Wenn jeder Regenbogen ein Schüsselchen
verzettelte: so müßten ihrer mehr seyn, als
Steine auf der Erde; denn jedes Auge siehet
nach seinem Standort den Bogen in einer andern
Richtung. Diese Goldstücke mögen nun meinetwegen gothische Bracteaten oder zu Zierathen gebraucht worden seyn; Regenbogenschüsselen sind
es nicht; sie können weder in der Luft von der
Natur hervorgebracht, noch von ihr mit mancherley Figuren gestämpelt werden, sondern der
Fleiß der Menschen hat das Gold aus den Ein-
geweiden der Berge herausgewühlt, die Kunst
hat es gebildet, und der Aberglaube mit wunderbaren Kräften versehen.

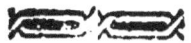

Nachrichten aus dem Reiche des Aberglaubens.

Die schädliche Gespensterfurcht.

Man kann nicht genug wider die heidnische Gespensterfurcht predigen und schreiben, welche die Leute abhält, daß sie auf das Pochen losgehen, das man dann und wann des Nachts in der Mitternachtstunde, da alles stille ist, auf den Kirchhöfen höret, indem es sehr wahrscheinlicher weise von lebendig begrabenen herrühret.

Im Jahr 1746. im Hornung gieng eine Dirne vom Land, 25. Jahre alt, wiederum nach Paris in das Hotel de Dieu, wo sie vor Weyhnachten Wochen gehalten hatte. Unterwegs fiel sie durch einen Zufall, den ich hier übergehe, in eine Ohnmacht, und man brachte sie sogleich in ein Bette. Sie erholte sich zwar wieder; allein bald darauf folgte die zweite Ohnmacht, und bald auf diese, wie man wenigstens glaubte,

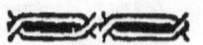

der Tod. Man ließ dem Herrn Brûhier * sagen, daß er einen Körper für die Anatomie bekommen sollte. Die Studenten säumeten nicht lange, denselben abzuholen, nachdem dieser Leichnam aufs schlechteste bedecket, bereits zwo Stunden in der Kälte auf dem Hofe gestanden hatte. Sie trugen ihn inzwischen auf das anatomische Theater, und ließen ihn die Nacht auf demselben stehen. Des Morgens aber kam ein junger Mediciner, der nahe an demselben geschlafen hatte, und meldete dem D. Brûhier, daß er die Nacht hindurch weinende und klägliche Töne gehöret hätte; allein die Furcht hätte ihn verhindert, aufzustehen, und es ihm zu melden. Brûhier hatte diese Nachricht kaum gehöret, als er schon nach dem Schauplaze, worauf man den jungen Aerzten in dem Bau des menschlichen Körpers die Weißheit des Schöpfers zergliedert und weiset, flog,

---

* S. desselben Dissert. sur l'incertitude des signes de la mort & sur l'abus des enterremens precipités &c.

flog, voller Begierde, dieser Unglücklichen das Leben zu retten; Allein er kam zu spät, und doch noch frühe genug, um die für ein menschliches Herz allemal höchsttraurigen und schrecklichen Beweise von dem vergeblichen Kampfe zu sehen, den diese vernachläßigte Elende ausgestanden hatte, um sich mit dem kleinen Reste der Lebenskräfte von dem Tuche, worein ihre Glieder geschlagen waren, loszuwickeln. Sie hatte den einen Fuß auf der Erde, ausser der Tragbahre, und mit dem einen Arm stüzete sie sich auf die Ecke des Zerlegetisches.

Es ist daher die Ermahnung an die Eltern und Lehrer gerichtet, die dem Satan eben so sehr zur Ehre, als dem vollkommnen Siege des Erlösers und seiner Religion zur höchsten Unehre gereichende, höchstunvernünftige Gespenstermährchen bey ihren Kindern ja nicht einwurzeln zu lassen, sondern vielmehr alle diejenigen, die diese unschuldigen Geschöpfe mit dieser eigennüzigen Erfindung der Clerisey im Pabsthum mar-

martern, als ihre ärgsten Feinde anzusehen. Hätte dieser Mediciner eine vernünftige Philosophie gelernt gehabt, und wäre er nicht mit dem Gespenster-Aberglauben eingenommen gewesen: so würde er dieser armen Person noch zu rechter Zeit zu Hülfe geeilet seyn, und sie nicht auf der Folter eines langsamen Todes haben sterben lassen.

Die Gespenster-Jagd.
(S. Ans. Rablosi Reise durch Oberteutschland. 1778. S. 94.)

In dem Gemeindeprotokoll des Städtchens H. befindet sich ein fürstliches Ausschreiben vom 18. Febr. 1725. eingetragen, wodurch jedem Landmanne, der einen Kobold, eine Nixe oder andere dergleichen Gespenster fangen, und lebendig oder todt einliefern würde, eine Belohnung von 5. fl. beym Obristjägermeister bestimmt wird.

Das fünfte Stück.

Kann sich ein Mensch anderwärts, als er mit dem Leibe ist, sichtbar machen? Und: Kann man einen lebendigen Menschen citiren?

Obstupui, dubitoque diu, causamque requiro.

Ovid.

Mein Herr!

Sie werden mir nicht in Abrede seyn, daß die auffallende Unbegreiflichkeit vieler Wahrheiten bey dem ersten undeutlichen Eindruck, den sie

sie auf uns machen, eine grosse Stüze des Unglaubens sey. Wovon der Mensch nicht sogleich die völlige Gewißheit einsiehet, was ihm beym ersten Anblick unmöglich oder widersprechend zu seyn scheinet, das verwirft er gerne ohne weitere Prüfung, und siehet diese Verleugnung als ein Kennzeichen einer gesunden Beurtheilungskraft, und als eine weise Entfernung vom Aberglauben an. Wenn aber viele Dinge uns dem ersten Anscheine nach unglaublich vorkommen, die doch vollkommen gegründet sind: so sollte man im Urtheilen und Widersprechen billig behutsamer werden, damit man nicht zulezt mit einiger Beschämung sagen dürfe: Das hätte ich nicht gedacht! Alle Wissenschaften bieten uns Beyspiele dieser Art in Menge dar. Erzählet den weisesten Mandarinen, daß jemand, ohne Zuthun irgend einer brennenden Materie, blos mit seinem Finger Weingeist anzünden könne; wenn er noch nie etwas von der Elektricität gehört: so wird er den Kopf schütteln, bis man ihm die Maschine und den Versuch selbst gezeigt hat. Guyot in seinen
neu

neuen physikalischen und mathematischen Belustigungen erzählet hundert Kunststücke, die uns beym ersten Gehör unglaublich, und doch nach gegebener Erklärung so begreiflich vorkommen, als zwey mal zwey vier ist.

Ich theile Ihnen, mein Herr, hier eine Geschichte mit, die zwar nicht von der Art ist, daß ich sie erklären und begreiflich machen kann; allein sie hat sich dennoch auch nicht in den gefährlichen Stunden zwischen 11 — 1. Uhr, wo der Aberglaube seine Gespenster erscheinen läßt, sondern bey hellem Tage zugetragen. Und wie viele Begebenheiten haben wir in der Natur, davon wir die Möglichkeit nicht einsehen, aber von ihrem wirklichen Daseyn vollkommen überzeugt sind? Die Geschichte ist folgende:

D. J. hatte eine Frau, welche in eine gefährliche Krankheit verfiel. Nichts war derselben empfindlicher, als daß sie nun nicht, wie es beschlossen war, mit ihrem Gemal in sein Vater-

terland reisen konnte, woselbst des D. J. Vater und Schwester noch lebten; sie sprach sehr oft von dieser Reise, und machte sich noch immer Hofnung darauf, ob sie gleich täglich schwächer wurde. Endlich fiel Eusebie, so will ich sie nennen, in einen sanften Schlaf, welcher ungefähr zwey Stunden daurte. Beym Erwachen sagte sie ganz vergnügt zu ihrem Gemal, daß sie nun in seines Vaters Hause gewesen und seine Familie gesehen habe. Sie beschrieb ihm das Haus, das Zimmer, die Person seines Vaters, und sezte zum Wahrzeichen noch hinzu, daß seine Schwester in der Küche gestanden, und einen Fisch gesäubert habe. Sie bat ihn, solches nach Hause zu schreiben: so würde er alles ihrer Aussage gemäs bestettiget finden. D. J. ein berühmter Arzt, hielt die ganze Sache für einen Traum seiner Gemalin, als welche sehr ruhig geschlafen hatte. Wenig Stunden oder Tage hernach, dieses weiß ich nicht mehr recht, starb sie. Er berichtete diesen Todesfall an seine Familie, und fügte zum Ueberfluß die Erzählung seiner Eusebie hin=

hinzu. Ehe er aber noch ein Antwortschreiben von seinem Vater erhalten konnte: kam schon ein Brief, worin derselbe Nachricht verlangte, ob Jemand von den Seinigen krank wäre. Er erzählte ihm in demselben, daß zu einer gewissen Stunde des Nachmittags, die er bestimmte, ein Frauenzimmer in Sächsischer Tracht, die ihm jedoch dem Gesicht nach ganz unbekannt gewesen, (denn der Alte hatte seine Schwiegertochter nie gesehen) in seine Wohnstube gekommen wäre. Der Kleidung nach habe er sie für eine vornehme Person gehalten, und ihr sogleich einen Stuhl gesezt, auf den sie sich auch niedergelassen habe. Sie hätte kein Wort geredet, ob er sie gleich etlichemal befragt habe: wo sie herkomme, und was ihr Verlangen sey? sondern sie sey sogleich wieder aufgestanden, und zu der Thüre hinaus gegangen. Er habe nicht gewußt, was er aus ihr machen solle, und wäre auf den Gedanken gerathen: ob sie nicht etwa simpel und irgendwo weggelaufen wäre. Ehe er sich recht besinnen können, ihr nachzugehen: sey sie schon wieder

Vierte Samml.   H   fort

fortgewesen. Die Tochter, welche sie bey dem Eingang in das Zimmer nicht bemerkt hatte, fügte hinzu, daß sie bey dem Herausgehen, wo sie, die Tochter, mit dem Rücken inwendig an der Küchenthüre gestanden hätte, ihr über die Schulter gesehen habe, worauf sie erschrokken sey, und sich umgekehrt hätte; sie hätte aber weiter nichts mehr, als ein Frauenzimmer gesehen, das so eben zu der Hausthüre hinausgegangen sey. Der Vater war inzwischen aus dem Wohnzimmer gekommen, und als er niemand mehr fand: so gieng er zu der Hausthüre, und fragte verschiedne auf der Straße stehende Leute, ob sie keine Weibsperson aus seinem Hause hätten gehen sehen? Niemand aber wollte das geringste gesehen haben.

Indessen war des D. J. Brief an seinen Vater auch angekommen. Nun erinnerte sich die Tochter ganz genau an den Umstand mit dem Fische, und so mit wurden beyde Theile, wie die

Er-

Erzählung lautet, völlig von der Wahrheit der Begebenheit überzeugt.

Ich weiß nicht, was ich aus dieser Geschichte machen soll, und bin begierig, Ihr Urtheil hierüber zu hören. Die Ahndungen haben vieles für sich. Ja man könnte behaupten, daß die Gespenster — denn wie soll ich diese Erscheinung anderst nennen? — zuweilen auch wol die Seelen noch lebender Menschen seyn könnten, ob ich gleich die Möglichkeit dieser Sache nicht zu erklären weiß.

Ich bin ՚ ՚

Die Antwort ist folgende:

Wundern Sie sich nicht, mein Herr, wenn ich Ihrer Erwartung dißmal ganz kein Genüge thue. Aehnliche Begebenheiten von andern Sterbenden sind mir zwar nicht unbekannt, und ich habe derselben verschiedne gesammlet; aber da mir das vorgelegte Problem unverdaulich und ganz über meinen Horizont weg ist: so würde ich meine Gedanken hierüber in dieser Schrift nicht entdeckt haben, woferne ich nicht von Ihnen dazu aufgefordert worden wäre.

Die erste wichtige Frage, die ich hiebey machen muß, ist diese: hat das Factum seine Richtigkeit? Verargen Sie nicht, wenn ich diese Frage aufwerfe. Die grösten Gelehrte schrieben ehedem von den wunderbaren Eigenschaften des Vogels Phönix, der doch nie vorhanden war; ja so gar ein Pabst schickte einem gewissen Grafen, der Irrland gegen die Königin Elisabet schützte, eine geweihete Feder von diesem erdichteten Vogel, und machte ihn hierauf in seinen Unternehmungen glücklich, wie die Geschichte sagt; bis endlich ein Gelehrter für nöthig erkannte, die Frage zu machen: Gibt es aber auch einen Vogel Phönix? Vor etwa 16. Jahren wies man einer gelehrten Gesellschaft ein paar Zweige von einer Linde, worauf nicht nur ordentliches Lindenblüt war, sondern neben derselbe selben auch zwo Gänseblumen. Einige sahen die Möglichkeit hievon bald ein, und bestettigten sie nach vorläufiger gelehrter Harangue mit Swammerdams gemachter Entdeckung, wie die so genannte Weidenrose entstehe; andere aber stellten eine sorgfältigere Untersuchung an, und fanden, daß die ganze Sache ein künstlicher Betrug sey, den die Bauren gespielt, indem sie vermittelst eines durchstochnen Loches das Haupt einer Gänseblume auf den Lindenstiel gesezt haben. Man kann bey einer Frage, die weder aus der Vernunft noch aus der nähern Offenbarung Gottes erkannt werden kann, sondern die allein auf einem Facto beruhet, nicht Vorsichtigkeit genug anwenden, um die vollkommne Glaubwürdigkeit des Zeugnisses ausser allen Zweifel zu sezen. Dieser Umstand ist wichtiger, als vielleicht die Meiste denken. Die historische Glaubwürdigkeit kann nicht hoch genug getrieben werden. Es beruhet darauf die Sicherheit und die Ruhe der menschlichen Gesellschaft. Warum sind ehemals in Europens unglücklicher Blindheit,

heit, in jenen Zeiten, da die römische Clerisey theils aus Unwissenheit, theils aus Bosheit, die Menschen ihrer edelsten Rechte, nämlich der Vernunft und der Freyheit, beraubte, so unzählige Unschuldige auf der Folter zu tode gemartert, oder auf dem Scheiterhaufen lebendig mit einer Grausamkeit, welche selbst den Heiden unbekannt war, verbrannt worden? Man untersuchte die vorgeblichen Hexengeschichten nicht, sondern sezte zum Voraus, daß die Aussagen der Zeugen, die doch wirklich glaubten, dasjenige, was sie sich nur aus Vorurteilen eingebildet hatten, gesehen zu haben, vollkommen wahr wären. Ich hege für die Wahrheit eine zu unverlezlich heilige Hochachtung, als daß ich aus blosser Menschengefälligkeit Begebenheiten glauben könnte, die, da sie sonst andern genugsam deutlichen und bewiesenen Wahrheiten und Erfahrungen zuwider sind, deswegen noch lange nicht für unstreitig angesehen werden können, weil sie einige Personen für wahr halten. Ich möchte nur dergleichen Personen, die ein

sol-

solches Zeugnis ablegen, persönlich ausfragen können. Man muß den ganzen Gemüts-Character und auch die äußerlichen Umstände einer Person kennen, wenn man mit völliger Gewißheit wissen will, ob sie die nach allen auch den kleinsten Umständen richtige Wahrheit sagen können und auch gewissenhaft sagen wollen. Die Ausflucht, daß wir vieles glauben müßten, wovon wir nicht einsehen, wie es damit zugehe, hilft hier nichts; denn diese gilt nur bey solchen Sachen, wovon es unleugbar ist, daß sie wirklich sind. Ich will es deswegen jezo wagen, um Ihnen wenigstens meinen guten Willen zu bezeugen, meine Gedanken, so unvollkommen sie sind, über diese Begebenheiten zu eröfnen.

Es sollen zuweilen Personen an einem Orte, wo sie sich gerade damals nicht aufhielten, erscheinen. Die beyden Oerter, nämlich so wol der Ort ihres wirklichen Aufenthalts, als der Ort ihrer Erscheinung, sind zuweilen sehr entfernt voneinander entlegen. Was ist von der Eusebie

sebie erschienen? Vielleicht war es ihr grober, kranker Körper? Nein, man vermissete ihn nicht in dem Krankenbette. Es streitet wider alle physische und mechanische Wahrheiten, daß ein Körper sich in einer solchen Geschwindigkeit von einem Orte zum andern bewegen könnte. Oder war es der subtile Körper, der sehr fein und sich in dem äußerlichen groben Körper en mignature befinden soll? Welchen Beweis hat man von dem Körper, der in diesem gröbern verborgen zu seyn erdichtet wird? Ein Anatomikus, der schon ein paar hundert menschliche Körper zergliedert, wird über diese Erfindung herzlich lachen; denn sie ist in der That sehr ungegründet, und verräth, daß ihre Erfinder wenig Kenntniß von dem Gewebe unsers Körpers haben. Dieser Körper ist überdiß zu subtil, als daß er von Menschen gesehen werden kann.

Vielleicht war es die Seele der Eusebie? die geistige oder thierische? Welche unter beyden diese Reise gemacht haben mag, hat sich enthüllt
nicht

nicht sichtbar machen können. Wo kommt also denn der doppelte Körper her? Und ein wahrer Körper muß sich doch haben sehen lassen; denn Eusebie soll nicht bloß in der Einbildung, sondern in der That erschienen seyn. Nur ein wahrer Körper wirft Lichtstralen zurück, welche den Sehnerven in unsern Augen berühren, und dadurch diejenige Empfindung hervorbringen, die wir das sehen nennen. Wenn der erweckte Erlöser seinen Jüngern erscheinet: so war diese Erscheinung nicht ein bloßes Spiel einer lebhaften und starken Einbildungskraft bey den begierigen Jüngern: sondern er erschien ihnen in der That in einem wahren Körper, und war ihnen so nahe, daß sie alle nur mögliche Proben mit ihm anstellen konnten. Die Jünger assen nicht nur mit ihm, sondern Thomas befühlte ihn so gar. Bey der Erscheinung der Eusebie fehlen die Merkmale einer wahren Erscheinung.

Vielleicht verursacht Gott selber dergleichen körperliche Erscheinungen durch eine unmittelbare

Wirkung oder durch ein Wunderwerk? das ist wider alle Wahrscheinlichkeit; besonders tragen sich oft solche Erscheinungen, wie die Histörchen wollen, bey sehr geringen Umständen zu. Wenn ein gewisser Bräutigam eine starke Aergerniß hatte, so sein Hauswesen betraf, und er dachte an seine Geliebte, mit der er sein Herz, aber auch seine Last und Sorgen theilen könnte: so war er plözlich bey ihr und sie sah ihn.

Vielleicht verursachen sie Geister oder Engel? In diesem Fall hat man wenigstens nicht nöthig, ein Wunder anzunehmen; denn alle Geister sind Theile der Welt, folglich ist auch das, was sie aus ihren Kräften thun, in dem Zusammenhange der Dinge gegründet, und in so weit auch natürlich. Denn unstreitig ist ihre Weißheit und Geschicklichkeit, sich der Kräfte der Körper zu bedienen, ungleich grösser, als des grösten Physikers und Mechanikers seine; und dennoch können diese viele Wirkungen hervorbringen, welche die Unwissenden für Zauberkünste halten. Allein bey
die-

dieſer Meinung, die übrigens noch die wahrſcheinlichſte iſt, iſt doch noch zu bedenken, daß es erſtlich nicht glaublich, daß weiſe und gute Geiſter ohne die erheblichſten Urſachen den Menſchen ihre Kräfte zur Hervorbringung ſolcher Erſcheinungen leihen werden; Hernach iſt gleichwol eine von einem Geiſte hervorgebrachte Erſcheinung nicht die wirkliche Perſon ſelber, ſondern nur eine Art eines ſehr wohl getroffenen Portraits. Folglich iſt und bleibet es doch immer eine Art einer Jlluſion, ob es gleich auch gute Jlluſionen gibt, die an ſich unſchuldig, und nicht ohne Nuzen ſind. Jch ſollte demnach faſt glauben, daß die Geiſter nicht einmal nöthig hätten, erſt wirklich einen Körper hervorzubringen, ſondern ſie dürften nur unſre Sehnerven auf eben die Art und in eben derjenigen Stärke und Proportion erſchüttern, in welcher dieſelben vorher allemal beweget worden ſind, wenn ſie die erſchienene Perſon geſehen haben. Wie oft glauben wir etwas zu ſehen oder zu hören, was wirklich nicht auſſer uns vorhanden iſt. Aber die Seele iſt gewohnt,

wohnt, bey dieser oder jener Art der Empfindung allemal die und die Vorstellung in sich hervorzubringen. Wenn wir im Finstern etwas Kaltes angreifen, und wir haben davon eben die Empfindung, welche wir damals hatten, da wir wirklich die kalte Hand eines Sterbenden anrührten: so werden wir darauf schwören, es hätte uns jezo wieder ein Todter angefühlt, und die Phantasie stellt in dem Augenblick uns denjenigen Todten leibhaftig vor Augen, dessen Bild in unsrer Seele noch ganz frisch ist. Ich erinnere mich, ein hieher gehöriges Beyspiel in der Abhandlung: von den Ahndungen und Visionen S. 55. gelesen zu haben. Es heißt daselbst so: Hr. Poupart gedenket einer Frau, der man die Helfte des Hirnschädels hätte wegnehmen müssen, und die ihr Allmosen darin sammlete; das harte Hirnhäutlein war also bey ihr aufgedeckt. Als sie einstmals jemand daselbst mit dem Finger hart anrührte: schrie sie stark und sagte: Man hätte sie tausend Lichter sehen lassen. — Hier bestimmte also ein gewisser Druck und

und eine Bewegung die Idee von Lichtern. Eben so werden andre Bewegungen und Drücke auch andre Ideen erzeugen. Ich glaube nicht, heißt es daselbst, übereilt zu urtheilen, wenn ich hieraus einige Phänomenen erkläre, die ich selbst erfahren habe: Vor einigen Jahren lebte ein ehrwürdiger gelehrter Greiß, der bey sonst gesunden Verstande zu einer Zeit, da er mit seinen berühmten und gelehrten Söhnen, die noch leben, und als die glaubwürdigsten Zeugen aufgestellt werden können, speißte, die Frage that: wer das Mädgen wäre, die an der Seite seines Sitzes stünde? da doch dessen Söhne ihm verstcherten, es wäre kein solches Mädgen vorhanden. Er blieb aber auf seiner Meinung, und fieng so gar an, eine Beschreibung von selbiger zu machen. Sollte ich mich wohl irren, wenn ich aus dieser Wahrnehmung die Folge herleitete, daß in den Gehirnfibern dieses alten Gelehrten gewisse Bewegungen oder Eindrücke sich geäußert, die sonst bey der Idee und bey dem Bilde eines Mädgens vergesellschaftet zu seyn pflegen?

gen? Zumal da es gar wohl möglich war, daß dieser in hohem Alter stehende Gelehrte wegen mancherley Mängeln im Nervensafte ein Drücken empfand, das vielleicht demjenigen Eindruck ähnlich war, der sonst von der Einwirkung eines Mädgens vermittelst der Lichtstralen, die von ihr in die Augen fallen, herzukommen pfleget. Derowegen glaube ich, daß zur Hervorbringung einer Erscheinung weiter nichts erfordert werde, als daß nur erst wieder ehemals gehabte Empfindung in uns lebhaft hervorgebracht werde; alsdenn ersezt die Einbildungskraft das übrige.

Kann man einen lebendigen Menschen citiren?

Lebendige Personen müssen auf geschehene Citation erscheinen, ohne den Ort ihres Aufenthalts zu verändern. Kleantes betheuert es heftig, er habe mit Augen gesehen, daß Herr B. auf sein Geheiß Hrn. P. habe citiren lassen, und dieser auch erschienen sey. So bald dieses geschehen: habe man nach Hrn. P. geschickt,

der

der in eben der Kleidung, darin er erschienen, zu Hause auf einem Stuhl gesessen, und ohne alles Ermuntern geschlafen. Der citirte Hr. P. habe auf alles gefragte die ordentlichste und wahrhafteste Antwort gegeben. — —

Citationen glaube ich gar nicht. Ihr Gesalbten des Herrn, wie unsicher wäre euer Leben und das Wohl der Staaten und vieler tausend Menschen, wenn die Vorsehung diese Gewalt einem Menschen über den andern erlaubte? Wir bitten demnach jedermann, Meinungen, die so unschuldig sie an sich selber seyn mögen, dennoch so gefährlich in ihren Folgen sind, um des Gewissens willen ganz und gar abzulegen.

Nachricht aus dem Reiche des Aberglaubens.

Die Vapeurs.

S. neue Manigfaltigkeiten. S. 700.

Als jener Graf einen Narrenhospital besah: traf er auf dem Hof einen Menschen an, der ihm vernünftiger, als die andern schien, und welchen er um die Thorheiten der Leute befragte, die hier beysammen waren. Wahrhaftig, mein Herr, antwortete dieser, die Ursache, warum wir hier sind, ist sehr geringe. Man hält uns für närrisch, weil wir geringe Leute sind; wenn wir reich und vornehm genug wären: so würde man sagen: wir hätten Vapeurs, und man ließ uns laufen, wohin wir wollten.

Das sechste Stück.

Der Aberglaube in China und Japan.*

— — Ipsi sibi somnia fingunt.

Virgilius.

Auch unter den Chinesern und Japanern herrschet der Aberglaube. Ein Beweiß, daß er seinen

---

* S. Herrn D. Zimmermanns Abhandlung vom National Stolz. S. 166 u. f. L'Histoire des Religions de tous les Royaumes du Monde. Par Jovet, Chanoine &c. à Paris. Tom. V. p. 486. Erasmus Libr. VI. Speculi p. 1510.

nen Thron nicht nur in Europa, davon ich in den vorhergehenden Sammlungen Meldung gethan, sondern auch in Asien errichtet habe. Tching Tsong, der dritte Kayser der neunzehnten Dynastie, hat sein Angedenken vorzüglich durch den unter seiner Regierung begünstigten Glauben an alle nur erdenkliche Alfanzereyen gebrandmarkt. Die Köpfe der Chineser sind nicht die einzigen, in welchen man den Aberglauben mit der Atheisterey gepaart siehet. Böse Geister sind für die Chineser die Ursachen der gemeinsten Begebenheiten. Sie ziehen eine Art von Loos, damit sie wissen, ob sie eine Reise unternehmen, ob sie kaufen oder verkaufen, ob sie ihre Kinder verheurathen sollen. Sie geben sich die äusserste Mühe, die unschädlichste Stellung eines Hauses zu finden, den Ort, wo sie eine Thüre öfnen sollen, den Tag, an welchem sich am besten ein Ofen bauen läßt, und einen Hügel oder Berg zu wählen, wo man am bequemsten begraben ligt. Wenn jemand an Wiz und Gaben andere übertrift; wenn er geschwind Man-

darin

darin wird; wenn er in der Handlung glücklich ist: so ligt die Ursache nicht in ihm, sondern er hat zum Begräbniß seiner Voreltern einen bequemen Ort erwählet. Die Herrschaft der Betrüger über schwache Köpfe ist nirgends grösser als in diesen Ländern. Nirgends werden Wahrsager und Sterndeuter höher geachtet. Die Marktpläze und Strassen sind allenthalben mit solchen Leuten angefüllt, wo sie in ofnen Laden ihre Tabellen aufhängen. Fast nichts wird verrichtet, ohne vorerst dieselben um Rath zu fragen. Ihre lügenhaftesten Aussagen tragen in den Augen ihrer Bewunderer das Gepräge der Wahrheit. Ein Chineser, der sich von einem Wahrsager weis machen lassen, es könne keine Kinder zeugen, wird seine Frau so oft für eine Ehebrecherin halten, als sie ihm ein Kind gebiert, das er gezeuget hat. Lieber wird er dieser Einbildung zufolge das Leben seiner ehrlichen Frau verbittern; lieber das unglückliche Gefühl einer eingebildeten Hahnreyschaft in seinem Kopfe nähren, als die Sache vernünftig prüfen. In dem Calender, der jährlich auf Gutheissung des Kaysers von dem Tribunal der Mathematiker herausgegeben wird, finden sich zu grosser Verwunderung allerhand Thorheiten, da doch P. Ricci bezeuget, daß auf dem alten Observatorio zu Nanking solche Instrumente vorhanden, dergleichen an keinem Ort in Europa anzutreffen. Und nach der Beschreibung, welche Pater le Comte von der Sternwarte zu Peking macht, kann nichts prächtigers erdacht werden. Es werden das ganze Jahr hindurch fünf Mathematiker unterhalten, welche auf den Himmel Tag und Nacht Achtung geben müssen, und die Sorgfalt, welche man hiebey anwendet, ist so groß, daß man sich darüber wundern muß. Wenn sie aber nichts bessers ausbrüten, als was in ihren Calendern stehet: so verdienen sie das liebe Brod nicht. Man findet darin ausser einigen astronomischen Berechnungen die Tage und Stunden, welche glücklich oder unglücklich sind; die Tage, an welchen gut Aderlassen ist; die glückliche Minute, in welcher sich am besten eine

Gna-

Gnade von dem Kayser ausbitten läßt; die Stunden, in welchen man die Todten ehren, opfern, heurathen, bauen, Freunde zu sich bitten, und überhaupt alle öfentliche und besondere Geschäfte verrichten muß. Dieser Calender ist in allen Händen; er ist für unzählische Haushaltungen der Inbegrif alles ihres Wissens, und für ganz China ein Orakel.

Diese Völker halten dafür, daß die Seelen der Menschen nach dem Tode sich hier auf der Erden eine Zeitlang aufhalten, unter ihren Brüdern herumwandern, und den Menschen zu gewissen Zeiten erscheinen. Sie stellen ihnen daher ordentliche Gastereyen an, welches mehrentheils im August Monat zu geschehen pflegt. Die Cerimonien, die sie dabey anstellen, sind folgende: Es werden zur Nachtzeit allerhand brennende Lampen angezündet, und auf die Pfosten der Thüre gesteckt. Einige gehen alsdenn theils aus Andacht, theils aus Neugierigkeit um die Städte und Dörfer herum; So bald aber die Nacht

Nacht einbricht: so eilet ein jeder ins Feld, wo ihnen ihrer Meinung nach an einem gewissen bestimmten Ort die Seelen der Verstorbenen begegnen. Ob sie gleich niemand sehen: so reden sie dennoch die Geister mit folgenden Worten an: „Willkommen hier! wie lange sind wir eurer Gegenwart beraubet gewesen? Sezet euch nieder! Erquicket euch mit Speisen; denn ihr seyd auf dieser langen Reise müde worden.„ Alsdenn werden ihnen allerhand Speisen und Baumfrüchte zu essen, und warmes Wasser zu trinken auf die Erde gesezet. Nach einer Stunde, da die Malzeit geendiget: nöthigen sie ihre Gäste nach ihren Wohnungen mit diesen Worten: „Wir gehen voraus, um die Kammern und eine köstliche Mahlzeit für euch zu bereiten.„ So bald zween Tage verflossen: so gehet alles Volk mit brennenden Fackeln zur Stadt hinaus, damit die Seelen nur nicht straucheln mögen. Wenn dieses geschehen: so verfüget sich ein jeder wieder nach seiner Wohnung. Hier stürmen sie auf ihre Dächer, und werfen mit unzähligen Steinen nach

nach ihren Häusern, damit sie, wo sich noch ein Seelgen etwa verstecket, es völlig austreiben möchten. Sie geben ihnen also nicht länger als zween Tage Zeit, weil sie glauben, daß, wenn sie länger bleiben, ein Unglück in der Stadt geschehe. Indessen tragen sie doch ein wahres Mitleiden mit diesen zurückgebliebenen Seelen, indem sie sich bereden, daß sie, da sie allein gehen müssen, den Weg nach dem Paradiese leicht vermissen könnten, der zehn tausend mal tausend Meilen von ihnen entfernt ist, und eine Reise von drey Jahren erfordert.

Ob nun gleich diese Meinung mit sehr vielen Ungereimtheiten angefüllet ist: so lehrt sie uns doch zur Genüge, daß diese blinden Völker weder den Untergang der Seelen noch die Erscheinungen derselben für etwas unmögliches halten. Ich muß gestehen, daß ich die Schriften der Alten von den Erscheinungen der Seelen nach dem Tode jederzeit mit dem innigsten Vergnügen gelesen. Ob ich wol nicht in Abrede bin, daß darunter greuliche Irrthümer und Lügen eingeschlichen: so habe ich mich dennoch darüber verwundert, daß man schon vor so vielen tausend Jahren die Lehre von der Unsterblichkeit unsers Geistes, als worauf sich die ganze Religion stüzet, keineswegs in Zweifel gezogen. Juden, Heiden, Mahomedaner, Indier, Brachmaner, Malabaren, ja Völker in den entlegensten Welttheilen haben geglaubet, daß die Seelen der Menschen mit dem Tode ihres Körpers nicht zu Grunde gehen.

Bey allen diesen wichtigen Mängeln, bey dieser klaren Unwissenheit, ist dennoch auf der Erde kein Volk, dessen Stolz grösser sey, als der Stolz der Chineser. Nach ihrer Meinung übertreffen ihre Eigenschaften und ihre Kenntnisse alles, was sich von Menschen fordern läßt. Für ihre Sitten und Grundsäze äusserst eingenommen, begreifen sie nicht, wie etwas recht und wahr seyn könne, das sie nicht thun, oder ihre Gelehrten nicht wissen. So werden die mangelhaftesten

ſten Kenntniſſe eine Quelle des Stolzes bey einer Nation, die an ſich ſelbſt nichts mangelhaftes ſiehet, und an andern nichts gutes; die ſich allein für ſehend hält, und alle übrige Völker für blind.

Nachrichten aus dem Reiche des Aberglaubens.

Die Erſcheinung.
(aus der Hauberiſchen Bibliotheca Mag.)

Ludovikus Sfortia, Herzog zu Mayland, hatte einen Affen, der unter ſeinem Geſchlechte kein Alltagkopf geweſen ſeyn mag. Die Geſchichte behauptet ausdrücklich, daß er ſo wohl an Geſtalt als an Fähigkeit des Verſtandes dem Menſchen ziemlich nahe gekommen ſey, und ſeine Geſchicklichkeit, Sanftmut, Aufrichtigkeit und höfliches Bezeugen jedermanns Bewunderung auf ſich gezogen habe. Koſt und Logis hatte er bey Hofe.

Hofe. Dieses Thier muß entweder im Hause eines Postmeisters oder eines Priesters geworfen worden seyn; denn es besuchte gerne die Häuser der reichen Wittwen. Besonders in das Haus der Nonna, einer reichen, betagten Wittwe, kam er ohngeachtet der weiten Entfernung vom Schlosse sehr oft. Man begegnete ihm darin, wie man einem Lieblinge des Herzogs zu begegnen sich verbunden erachtete, und seine hohen Eigenschaften es erforderten. Selbst die Nonna wackelte ihm auf ihrer zitternden Hand allerhand Leckerbißgen hin, und war unter der Last ihrer Jahre getröstet, wenn er sie munter annahm.

Nonna stirbt. Die Schaar der Priester und Mönche eilet herbey, um in einer langen Procession den Leichnam zu seiner Ruhestätte zu begleiten. Noch zu den Lebzeiten dieser Wittwe war in ihrem Hause eine beständige Ebbe und Fluth von Priestern und Mönchen, und das nicht ohne. — Indem jedermann in dem untern Theile des Hauses mit der Leiche beschäftiget war: schlich

schlich der Affe in der Nonna Schlafzimmer, und fraß alles auf, was er nach seinem Geschmack darin fand. Vom Essen träge wirft er seine verwehnte Glieder auf eben das Bette hin, worauf die Nonna sonst zu ruhen pflegte. Die Mägde hatten auf dem Hauptküssen den Schleyer mit den Binden und andern Kopfzierath ligen laßen, welchen sie der verstorbenen Frau in der Absicht abgenommen, um ihr einen weissern und reinern umzuthun. Kaum erblickte der Affe den Kopfpuz: so grief er als Affe nach ihm, umwand die Stirne mit Binden, und zog einen gegitterten Schleyer ganz artig darüber. Er legte seinen Kopf auf das Hauptküssen, deckte sich mit dem Oberbette gehörig zu, und schlief. Bald darauf kamen die Mägde in dieses Schlafzimmer der verstorbenen Nonna, um es zu reinigen. Kommen, das Afterbild der Verstorbenen anschielen, staunen, mit weibischen Geheule die Treppe hinunterstürzen, war eins. Unterdessen kamen die beyden Söhne Asdrubal und Anselm nebst den Schwägern und nächsten

Bluts-

Blutsfreunden von der Leichen-Begleitung nach Hause. Die bestürzten Mägde reden von nichts als Ungeheuer. Die Brüder und Freunde sehen einander an, wie? unsere Mutter? — Auch sie erblicken das Ebentheuer, und weichen mit Furcht und Zittern zurück. Den Priester wollen wir rufen lassen, sprechen sie, der wird dem Teufel den Weg schon weisen; ja, der wird ihm zeigen, wohin er gehöre.

Nachdem der Priester den Anlaß seines Aufrufs erfahren hatte: wirft er sogleich seine Stolen, Chorhemd und andern Ornat geschwind um sich, und befiehlt zween andern Priestern mitzugehen, und das güldne Kreuz nebst dem Kessel mit Weihwasser mitzunehmen. Er selbst hielt den Weihquast in Händen, besprengte alle Leute, so ihm begegneten, und betete. Die Ankunft des Priesters strömte den erschrocknen Einwohnern Muth zu, und sie schöpften Hofnung, von dem gefährlichen Gaste bald entlediget zu werden. Der Priester vertheidigte einst-
weil

weilen die erlangte Seligkeit der Verstorbenen, und schmälte auf die Blendwerke des niederträchtigen Teufels.

Die drey Priester defiliren die enge Treppe hinauf gegen der beschrienen Kammer hin, und stellen sich so, daß ihnen der allenfalsige Ruckzug nicht fehlen könnte. Da der Seelsorger das Angesicht der vermeinten Nonna erblicket, der er gleichwol selbst die lezte Oelung gegeben, und sie zu Grabe begleitet hatte: stuzte er anfänglich, und wich zurück. Er ermannte sich aber, trat vor das Bette, drehete den Weihquast in der Hand um, und fieng an zu intoniren: Asperges me, Domine &c. Als der Affe sah, daß der Priester den Arm mit dem Weihquast aufhub: befürchtete er Schläge. Er krümmte daher den Mund und knirschte mit den Zähnen auf so eine abscheuliche Art, daß der Priester gedachte, es wäre der Teufel selbst, der weder auf heilige Zeichen, noch auf Cerimonien, noch auf Gebete etwas gebe. Die beyden andern
Prie

Priester machen sich flüchtig, werfen Kessel, Kreuz und Bücher von sich, und purzeln so ungestüm die Treppe hinab, daß der Kopf unten, und die Füsse hinaufwärts zu ligen kamen. Der hiedurch in Furcht gejagte Seelsorger eilet ihnen nach, fällt über den Weihkessel die Treppe gleichfalls hinab, und kommt mit seinem schweren Leib auf jene zu ligen. Eine entsezliche Furcht breitete sich über die halbtodte Einwohner aus. Sie dachten, der Priester müsse den Teufel nicht recht gebremset haben, und befürchteten die schrecklichste Folgen. Diese ehrwürdige Gesellschaft war voll Staub und Bluts. Der würdigste unter ihnen holte weit aus, und sagte bebend: Ich habe gesehen — mein Gesicht betrog mich nicht — ich habe mit meinen Augen den leibhaftigen Teufel in der verstorbenen Frauen-Gestalt gesehen. — — Der Affe selbst machte diesem tragischen Auftritt ein Ende. Er kam langsam die Treppe herab, und erschien unversehens mit dem Kopfpuze mitten zwischen dem wehklagenden Priester und dem staunenden Volke.

Wür-

Würde er aber sich nicht durch seine gewöhnliche Sprünge entdeckt haben: so wäre er eine neue Ursache des Schreckens gewesen.

Der wiederauflebende Todte.

S. Weitenkampfs Gedanken über wichtige Warheiten aus der Vernunft und Religion. I. Th. S. 140.

Im Jahr 1357. wurde in Cölln eine Weibsperson, die an der Pest gestorben, begraben. Ihr Gemal ließ ihren Brautring ihr am Finger. Der Todtengräber, den die Gewinnsucht und die lange Vertraulichkeit mit den Todten über den Eckel und die Gespensterfurcht erhoben hatte, öfnete des Nachts die Gruft um den Ring zu holen. In der Geschwindigkeit wollte er den Finger selber ablösen, und darüber erwachte die Schlafende plözlich, richtete sich auf, und indem die Diebe nach Zurücklassung der Laterne davon flohen: so nahm sie dieselbe und schlich nach ihrer alten Wohnung mit der Leuchte in der Hand. Sie hat nachher sogar drey lebendige

Zeugen ihres wahrhaften Lebens hinterlaſſen Man ſoll überdiß in der Cöllniſchen Apoſtel Kirche dieſe merkwürdige Geſchichte abgemahlt finden. Hr. Profeſſor Weitenkampf ſezt hinzu, daß dieſe Geſchichte wegen der Glaubwürdigkeit des Geſchichtſchreibers keineswegs zu leugnen. Siehe auch D. Bebelii Diſſ. de Bis-mortuis. p. 9. der eben dieſes aus des Merſæi Catalogo der Biſchöffe zu Cölln anführt.

Die Beſeſſene.

In ein gewiſſes Dorf kam eine Beſeſſene, welche den Prediger bitten ließ, ihr etwas Geld aus der Allmoſen Caſſe zu reichen, damit ſie durch die Kapuziner zu W. den Teufel von ihr austreiben laſſen könnte. Gut! ſprach der Prediger, ich kann auch Teufel austreiben. Noch ehe die Beſeſſene in Bock geſpannt wurde; ſo war der Teufel ausgefahren

Das

Das siebende Stück.

Von dem Wahrsagungs-Loose, Sieblaufen, Karteschlagen und Punktiren.

Aut adversa eventura dicunt, aut prospera. Si dicunt prospera & fallunt, miser fies frustra expectando. Si adversa dicunt & mentiuntur, miser fies frustra timendo. —

Gellius.

Unsere Christen liefen heutiges Tags bis zu einer Hexe nach Endor, oder zu dem güldnen Dreyfuß in Griechenland, wenn wir sie itzt noch

hätten, um nur ihre Wißbegierde zu sättigen. Wenn eine Zigeunerin über die Strasse lauft, oder sich ein altes Menschen-Gerippe ein Heiligthum unter dem Dache aufgerichtet hat: so gehet ihnen der blinde Haufe nach, und fragt sie um tausenderley Dinge. Irgendwo hat sich gar eine Phyllis nach dem neusten pariser Gepräge zur Zeichendeuterin aufgeworfen, und findet besonders bey der Koffee-Deutung ihre ganze Zufridenheit. Wenn sie erst selbst ein paar Schaalen Koffee getrunken: so überfällt sie schnell der Paroxysmus zu wahrsagen, in welchem sie eine Aussicht in die fernste Zukunft bekommt. Leute, die sie näher kennen wollen, sagen, daß sie in Ansehung ihres Anzugs wie ein übertünchtes Grab sey, in welchem die Verwesung wohnet. Alles, was von Haupte bis zu Fuße von ihrem Anzug in die Augen fällt, ist schön und reinlich; nun ziehe man in Gedanken die ganze Oberfläche von der gepuzten Phyllis ab: so entdecke man zerrissene Unterröcke und zerrissene Hemde. Bey dem männlichen Geschlechte ist sie ihrer Ausrech-
nung

nung nach 31. Jahre alt; nach dem verbesserten Calender aber hat sie 44. Jahre zurückgelegt.— Sie weiß auch die Karte zu schlagen, und läßt ins Crystall sehen. Ihr Erfindungs=Geist wird nicht eher verduften, bis die Wachsamkeit der Väter dieses Kind der Finsterniß verbannet, oder sie aus dem Gewühl ihrer schädlichen Arbeitsamkeit ins nächste Spinnhauß sperret.

Ein Mensch muß begierig seyn, das Zukünftige zu wissen; denn auf der Vorhersehung des Zukünftigen beruhet die Ausübung der gesammten Tugend; er muß aber diese Begierde in den gehörigen Schranken erhalten. Es würde eine rechte ausschweifende Neugierde seyn, wenn er, anstatt gelassen zu erwarten, bis der Vorhang seiner künftigen Auftritte auf den Wink der Vorsehung falle, vielmehr denselben mit Ungestümm wegreissen wollte, um die bevorstehende Scenen seines Lebens vor der Zeit zu erblikken. Diese Ausschweifung äußert sich fürnehmlich auf eine zweifache Weise: einmal in Absicht

auf die Gegenstände, wenn ein Mensch eine so
närrische Begierde haben wollte, solche zukünftige Dinge vorherzusehen, die ein Mensch nicht
vorhersehen kann, und deren Vorhersehung ihm
nicht nöthig und nüzlich, sondern vielmehr schädlich seyn würde. Z. B. wenn er vorherwissen
wollte, welche Glücks- oder Unglücksfälle er in
Zukunft haben würde? wenn er oder andere sterben würden? Und zum andern, wenn man
durch närrische, ungereimte und abergläubische
Mittel diese Vorhersehung erhalten will. Wir
können hieher alle die abgeschmackte Wahrsagerkünste, das Punktiren, Crystallsehen und hundert andere Ausdünstungen ungehirnter Köpfe
rechnen. Hätten die Menschen, die so ängstlich
nach Wahrsagungen trachten, eine wahre Erkenntniß Gottes, und einen guten Grund in
seinem Wort: so würden sie den Kindern des
Betrugs kein Gehör geben, sondern Gott den
Ausgang aller Dinge unterwerfend überlassen.
Es ist unstreitig, daß ein erleuchtetes Christenthum einzig und allein im Stande sey, dem

Aber-

Aberglauben zu steuren. Das Wort Gottes leitet uns auf einer so sichern Bahn, welche uns auf einer Seite vor Ruchlosigkeit und auf der andern Seite vor Aberglauben vorbeyführet.

1.) Von dem Wahrsagungs-Loose.

Das Loos überhaupt genommen ist eine Handlung, nach welcher die Entscheidung dem blossen Ungefehr überlassen wird. Die Alten hatten vielerley Arten des Looses, die von ihnen für heilig gehalten wurden, weil sie in den Gedanken stunden, daß sie von den Göttern oder gewissen Geistern regieret würden. Daher waren sie meistens in den Tempeln angeordnet, und stunden unter der Aufsicht der Priester. Die Griechen brauchten den Homer, und die Lateiner den Virgil. König Karl I. in England war zur Zeit seines Unglücks auf der Bibliothek in Oxford, und wurde von Lord Falckland überredet, einen Versuch mit den Virgilianischen Loosen zu machen; zum Unglück schlug er die Stelle auf, da die

die Dido dem Aeneas böses wünschet. Der König wurde durch diese Verse ungemein niedergeschlagen. Der Lord nahm ihm das Buch aus den Händen, und schlug es auch auf, in der Meinung, den König durch eine Stelle, die sich gar nicht hieher schicken würde, zu beruhigen. Allein er war noch unglücklicher; denn er traf die Klage des Evanders über seinen Sohn Pallas an *. D. Wellwood macht hiebey die Anmerkung, daß, da wir ein solches Beyspiel für uns hätten, sich keiner unterstehen müsse, durch thörichtes Forschen in den Rollen des Schicksals, Gott zu spotten.

Der Gebrauch des Looses schlich sich aus dem Heidenthum in die Kirche der Christen, nur daß sie an statt des Homers und Virgils sich der heil. Schrift bedienten, die gewiß Gott zu dieser Absicht nicht gegeben hat. Man machte sie zu einem Zauberspiegel, in welcher man alles sehen könne,

---

* S. S. R. D. Cottæ Diss. de Sortibus Sanctorum. p. 28.

ne, was in der Folge-Zeit geschehen wird. Kayser Heraklius ließ drey Tage das Heer reinigen; worauf er das Evangelien Buch aufzuschlagen befahl, und siehe! da fand er, daß seine Winterquartiere in Albanien seyn werden. Auch bey den gewöhnlichsten Geschäften und Angelegenheiten wird sich der Aberglaubige entweder aus Mangel an Einsichten oder auch aus Eitelkeit bereden, daß der Himmel gar wol um seinetwillen den Lauf der Dinge ändern, und ihm einen übernatürlichen Wink geben könne, wenn es darum zu thun ist, diese oder jene Auswahl zu treffen. Wie unglücklich ist er nicht indessen bey einer solchen aberglaubischen Verfassung der Seele? Immer schwebt er zwischen Furcht und Hofnung, und alle Klugheit, und aller Verstand, die ihm der Schöpfer gegeben, sind für ihn ohne den geringsten Gebrauch. Eben so verhält sich die Sache mit den biblischen Spruchkästlein, wenn man sie dazu gebraucht, daß man mit Herausziehung eines Spruchs entdecken will, ob unser Schicksal oder Vorsaz glücklich oder unglücklich seyn werde. Fr.

Pfarrerin Sch. in Regenspurg sprach zu einer ihrer Freundinnen: Sie will mich immer bereden, als wenn ich nicht sterben würde; ich mag aber fast einen Spruch in dem Hällischen Schazkästlein aufschlagen, wenn ich will: so handelt er allemal vom Sterben. Dieß machte bey ihr einen solchen Eindruck, daß sie, ohngeachtet die Umstände ihres Wochenbettes nicht so gefährlich waren, dennoch bald verstarb *.

Haben die Loose zur Absicht, aus mehrern gleich guten Endzwecken, wovon nur eine zur Wirklichkeit gelangen kann, einen Entschluß zu bestimmen: so sind sie nicht widergesezlich. Ueberläßt man aber selbigen die Entscheidung, ob eine Absicht, deren Güte wir bereits erkannt haben, auszuführen sey: so sind sie gesezlos. Wenn endlich mehrere gute Absichten vorhanden sind, die

---

*) S. Danziger Gel. Berichte auf das Jahr 1768. S. 569.

die sich aber an Güte nicht gleich kommen: so würde der Mensch pflichtwidrig handeln, wofern er die Entscheidung dem blinden Glücke des Looses überlassen wollte; vielmehr erfordert seine Obligenheit, sich der von Gott verliehnen Vernunft zu bedienen, und wenn sie nicht alle zur Wirklichkeit gelangen können, die Güte einer jeden Absicht durch die Waage der Vernunft genau abzuwägen, um diejenige zur Ausführung zu bringen, die vor andern ein Uebergewicht zu erkennen gibt.

2.) Von dem Sieblaufen.

Das Sieblaufen, eine alte Erfindung, wie aus dem Wort: cribro divinare, abzunehmen, ist auch eine Art des Looses, wodurch man erforschen will, wer eine böse That, etwa einen Diebstahl, begangen. Man faßt das Sieb mit einer Zange oder Scheere und hebt es damit in die Höhe, daß es vertikal hängt. Zwey Personen müssen sodenn die Zange mit ihren Mittel-

fingern von beyden Seiten zusammenhalten, und der Meister macht den Anfang mit einer Beschwörung, und nennet die Namen der Personen, die er wegen der begangenen That im Verdacht hat. So bald er den Schuldigen nennet: so soll sich das Sieb anfangen umzudrehen, und folglich der Thäter hiedurch entdeckt werden.

Wie die Boßheit der Menschen auf diese Art der Wahrsagung gekommen, ist mir unbekannt. Die Ursache der Bewegung des Siebes ist weder in ihm selbst zu suchen, weil jeder ruhender Körper vermöge seiner Trägheit der Bewegung widerstehet, und erst durch den Stoß eines andern Körpers aus seiner Ruhe in Bewegung gesezt werden muß; Noch auch ausser ihm, nicht in der Luft, die durch Aussprechung der Namen aus dem Munde des Beschwörers gehet, weil das Sieb so lange sich bewegen müßte, als der Beschwörer redet; nicht in der Seele des Beschwörers, die zwar ein grosses Verlangen äussern mag, den Thäter zu entdecken, aber das
Sieb

Sieb nicht damit in Lauf bringen kann, so sehr Corn. Agrippa die Möglichkeit davon einsehen will. Wenn das Verlangen der Seele einem fremden Körper eine Richtung geben könnte: so würden die Würfel des begierigen Spielers fallen, wie er wollte. Noch hat der Teufel meines Bedünkens mit der Sieb-Wahrsagerey etwas zu thun. Es ist die Frage, ob er jedesmal etwas kann, will und muß entdecken. Man mengt den Teufel mit ein, um den Leuten einen Abscheu für dieser Art von Wahrsagung beyzubringen, da man ihnen tüchtigere Gründe sagen könnte; sondern die wahre Ursache dieser Bewegung ist diese: den Namen des Thäters, der es zu seyn am meisten vermuthet wird, spricht man erst gegen das Ende aus, wenn die angestrengte Nerven nachzulassen und zu zittern anfangen, wodurch das leicht bewegliche Sieb in Gang kommt. Allenfalls ersezt auch die Schalkheit des Beschwörers durch einen geschickten Stoß, was einer merklichen Bewegung mangelt, damit sein Ansehen und seine Einkünfte nicht

nicht geschwächt werden. Ehe Anno 1693. die hiesigen Bürger wegen dem Einfall feindlicher Kriegsvölker sich flüchteten: so verabredeten sich zwey Bürger miteinander, davon der eine der hiesige Stadtmüller war, ihr paares Geld in eine zinnerne Flasche zu thun, und solche an einer Kette unter die Räder der hiesigen Mühle ins Wasser zu versenken, um sie dadurch für räuberischen Händen sicher zu stellen. Bey ihrer Zurückkunft war die Flasche weg. Einer bezüchtigte den andern des Diebstahls. Alle Wahrsager, die darüber befragt wurden, stimmten auf den Müller. Geist- und weltliche Obrigkeit vermochte nicht, diese äusserst erbitterte Gemüter ins Gleichgewicht zurückzubringen, bis endlich der wahre Thäter zufälliger Weise entdeckt ward.

3.) Von dem Karteschlagen.

Der Wahrsager mischet die Karte, läßt den, der sich wahrsagen läßt, abheben, und ein Blatt, wornach sich der Wahrsager zu richten hat,

hat, erwählen, und legt sodenn die Blätter, je achte nach der Reihe auf, und nun fängt er an zu weissagen. Er betrachtet die Lage des erwählten Blatts und die Lage der andern gegen dasselbe, gibt einer jeden Farbe, einem jeden Blatt eine eigne Bedeutung, und fängt mit grosser Weisheit an, vergangne und zukünftige Schicksale zu sagen.

Hier wird alles ganz willkührlich und ohne alle vernünftige Gründe angenommen; denn was haben die Kartenblätter für eine Verbindung mit den Schicksalen der Menschen? Warum soll diese Farbe Verdruß, Unglück u. d. und eine andre Vermögen, Glück, Wohlstand andeuten? Was soll man zum Regenten der Blätter in der Karte annehmen? Ist es ein blosses Ohngefehr, dabey man nichts denkt: so kann auch die Wahrsagung nichts anders, als ein blosses Ohngefehr seyn. Sollten es Gott oder seine guten Engel seyn: wie könnte er alle Wahrsagerey verboten haben? Was soll es sonst seyn? die bösen

sen Geister? Auch das glaube ich nicht. Nicht gar ferne von hier hielt sich eine Karteschlägerin auf, die durch ihre listige Ränke und beredte Zunge die Leute hinriß, daß sie willig ihr Geld an sie gaben. Wenn die Seelenwanderung wahr ist: so hat die ihrige unter andern Wohnungen 50. Jahre den Körper eines Rabulisten, und 20. Jahre den Leib einer Komödiantin bewohnt. Zulezt bekam sie den Staup Besen.

4.) **Vom Punktiren oder Geomantie.**

Ehedem machte man bey dieser Wahrsagung die Punkte in den Staub oder Sand, nachmals aufs Papier. Die Fragen sind: wird der Kranke wieder, und bald gesund? Kommt der Reisende wieder? Kommt er bald zurück? Es wird der Person Taufname nach dem A. B. C. da ein jeder Buchstabe eine Zahl hat, berechnet, der Wochen, oder Planeten Tag auch hinzugesezt, welcher ebenfals eine Zahl hat. —

Alle

Alle die Gründe, worauf diese Sachen beruhen, werden ganz willkührlich angenommen, und immer noch mehr dergleichen A. B. C. ausgedacht; und eben daher ist es ganz ungegründet, daß die Antwort blos aus diesen Gründen gewiß und richtig seyn kann. Wenn mich jemand fragt: ob der Kranke wieder gesund werde, und ich sage ohne allen Grund ja oder nein: so muß es eben so richtig seyn, als wenn ich eben diese Antwort erst mit Berechnung vieler Zahlen herausgebracht hätte. Denn da mein Name von der Willkühr meiner Eltern abhieng, und die Zahl einem jeden Buchstaben bloß nach der Willkühr angewiesen, auch ein jeder seine Antwortstafel nach der Willkühr gemacht: so können unmöglich alle diese willkührliche Umstände zu meinem Tode, Krankheit, Gewinn, Gesundheit, Glück — passen. Es ist klar, daß diese Sache eigentlich nur zum Spaß erdacht worden, und die Nachkommen haben es zum Aberglauben gemacht. Trift es zu: gut; wo nicht: ists auch recht.

Alle

Alle diese Künste sind Invaliden in dem Dienste der Vorhersagungen. Gott verabscheuet solche Wahrsagereyen*. Dadurch sind oft die besten Freunde, auch wol die sonst sich gut vertragenden Eheleute in die gröste Uneinigkeiten gefallen. Dadurch hat sich derjenige, der sich wahrsagen ließ, in Leichtsinn und Sicherheit, oder auch in Furcht oder Schrecken gesezt. Was hilft es mir, wenn ich den Dieb weiß, es ihm aber nicht sagen darf, auch vor Gerichte mit solchen Dingen keinen Beweiß führen kann? ich bin böse auf ihn, gerathe in Zank und unversöhnliche Feindschaft, und dadurch ins Gebiete des Teufels. Wäre es nicht besser, ich wüßte es nicht? Wie abscheulich ist also die Sünde, wenn man sich mit solchen Künsten abgibt? und noch ungleich grösser ist sie, wenn man muthmaßlich sie für böse hält, und sich doch damit einläßt. Die Ausrottung dergleichen Künste ist
billig

---

3. B. Mos. XIX. 31. XX. 27.

billig ein wichtiges Geschäfte der Obrigkeiten. Man lese nur folgende Begebenheit *.

Hamburg vom 25. Sept. Gestern ereignete sich hier eine abscheuliche Begebenheit. In einem Miethkutscherstalle wurden ein paar Uhren und einige andre Sachen gestohlen. Die Kutscherknechte begaben sich zu einem Weibe, das in dem Ruf der Wahrsagerey steht, und erkundigten sich, ob sie ihnen nicht den Dieb obgemeldter Sachen anzeigen könnte? Aus ihrem Heiligthum unter dem Dache ertheilte sie den Orakel Spruch: Derjenige, der den folgenden Morgen zuerst in den Stall kommen würde, sey der Dieb. Zufälliger Weise kam ein armer Schuflicker, der in einer ganz entfernten Gegend der Stadt wohnte, und

---

* S. Stuttgart. privilegirte Zeitung. St. 120. aufs Jahr 1777.
Man lese auch die Erlang. Real-Zeitung aufs Jahr 1778. Num. 39.

und einige Schuster-Arbeit überbringen wollte, früh morgens vor des Tages Anbruch in den Stall. So gleich hielten ihn die Knechte als den Dieb an, richteten ihn mit Mistgabeln auf das unmenschlichste zu, und warfen ihn darauf heimlich in diesem hülflosen dem Tode nahen Zustande heraus, vermuthlich in der Hofnung, daß er vollends sterben, und sie also nicht verrathen werde. Allein der Unglückliche erholte sich, und kroch einige Gassen fort, wo er sich in ein Kellerloch verbarg. Hier fanden ihn einige Stadt-Soldaten, die das Werk der Barmherzigkeit an ihm thaten, daß sie es meldeten, und ihn in seine Wohnung brachten. Er hatte noch so viele Kräfte übrig, daß er abgehört, und diejenigen, die ihn also zugerichtet, angeben konnte, worauf er starb. Die beyden Bösewichter sind entflohen. Es ist aber zu hoffen, daß man das Weib, welches die veranlassende Ursache dieses Mords war, zu gebührender Strafe ziehen werde.

Nach-

Nachrichten aus dem Reiche des Aberglaubens.

Das bezauberte Vieh.
(S. Stuttgartische privilegirte Zeitung. 1777. 110tes Stück.)

Vor einigen Monaten war zu Narenta, einer Stadt in Dalmatien, ein Viehsterben. Der dumme Pöbel hielt es für eine Wirkung der Hexerey. Der Pfarrer war schwach genug, um diesem Gerücht Glauben beyzumessen. Er klagte dieses Unglück seiner Gemeine einem benachbarten Pfarrer, welcher ihm erwiederte, daß keinem Uebel leichter abzuhelfen sey, wie diesem. Wie so? fragte der Pfarrer von Narenta. Nehmet, antwortete der andere, alle Weiber, die im Verdacht der Hexerey stehen, und werfet sie ins Wasser. Diejenigen, welche untergehen, sind unschuldig; und diese müsset ihr geschwind wieder herausziehen lassen; die aber nicht untergehen, erhält der Teufel über dem Wasser, und diese züchtiget so, wie ihr es für gut befindet. Der Pfarrer war über dieser Entdeckung außerordentlich froh. Er ließ auch sogleich eine Probe mit einigen alten Weibern, die kein anderes Verbrechen, als eine böse Gesichtsbildung hatten, machen, und solche ins Wasser werfen. Die Untergesunkenen wurden so gleich wieder herausgezogen; die aber nicht untergiengen, weil sie vielleicht ein natürliches Geschick zum schwimmen hatten, wurden vom wütenden Pöbel mit Schlägen schier umgebracht. Schon war man im Begrif, zu noch grausamern Executionen zu schreiten; als der General-Proveditor von Dalmatien eben zur rechten Zeit Nachricht davon erhielt. Dieser ließ sogleich einige Truppen dahin marschiren, um den abscheulichen Operationen des aberglaubischen Pöbels Einhalt zu thun—.

Wenn diese Nachricht gegründet ist: so scheinet es, daß die Künste und Wissenschaften in diesen Gegenden weder Feuer noch Herd haben, und die Priester ihre starre Herzen durch die

Le-

Lectüre noch wenig aufgethauet haben, und sie zutheuerst von der Cautione Criminali des Benedicti de Spe nichts wissen. Ich zittere, wenn ich an die traurige Zeiten zurückdenke, wo man die Unschuld nach den verfluchten Wasserproben bestimmte, und die Gegner mit der Schlußkette eines Scheiterhaufens überzeugte. Gottlob, daß wir über diese Zeiten weg sind!

Der Schazgräber.

Hanß, sprach der sterbende Vater, Hanß, grabe deinen Acker fleißig um: so wirst du einen grossen Schaz darin finden. Hanß aber gieng lieber in die Schenke, als auf den Acker. Ein Bergmann, ein listiger Betrüger, der ein Herz auf den Ellnbogen und eine Nulle auf den Knien hatte, schlich ihm in die Schenke nach, und bemerkte bald, daß die Natur den guten Hansen versäumet habe. Er fieng also vom Schaz-graben an, und rühmte sich, er wisse verschiedne Schäze. Das gefiel Hansen und sah schon güld-

güldne Berge. Er bezahlte dem Bergmann ein halbs Wein nach dem andern. Schon im nächsten Busche mußte ein Schaz seyn. Bruder, sagte Hanß, wenn du ihn weißst, warum hast du ihn nicht schon gehoben? Ja, sagte der Bergmann, das geht nicht so gleich; ich bin arm, wenn ich 33. Thlr. 3. gr. und 3. Pf. in Gold, Silber und Kupfergeld hätte, womit ich den Schaz herausloken könnte, da wollte ich ihn gleich heben. Bruder, rief Hanß voll Freude, so viel habe ich eben in der Tasche, und wol mehr. Ich habe heute ein Pferdt verkauft für 12. Dukaten 3. silbergr. und 1. Kupferdreyer; nicht wahr, das ist, was du nöthig hast? Gut, um 12. Uhr in der Nacht gehen wir hin, heben den Schaz, dann sind wir reich genug. Hanß mußte sich an einen Eichbaum hinstellen, und 3. Stunden lang ohne sich zu rühren bey grosser Kälte stehen bleiben, und bey Lebensgefahr kein Wort reden. Der Bergmann machte sich indessen über die Grenzen. Morgends kam der tumme Hanß halberfroren nach Hause, und dieses Faulthier lumpte in kurzer Zeit zu einem Kandidaten des Spitals herab. Das

Das achte Stück.

Die aberglaubische Busse.

Sehet zu, thut rechtschaffene Früchte der Busse!
Matthäus.

Der Aberglaube schreibt einer Sache eine Wirkung zu, die sie nicht hat. Eine feurige Thräne, und schon eine gute Rührung soll die Wirkung haben, die nur der wahren Busse, oder viel-

vielmehr, der wahren Reue eigen ist. Das ist Aberglaube. Jede Uebertrettung des göttlichen Gesezes breitet schädliche Folgen in die Zukunft aus. Wenn ich daher bloß bey der quälenden Betrübniß über das Vergangne stehen bleibe, und immer ächze: ach hätte ich dieses oder jenes nicht gethan! ich denke aber dabey nicht auf die Zukunft, daß den Uebertrettungen ein daurhafter Damm gesezet werde: so foltere ich mich vergebens. Was einmal geschehen ist, kann auch durch die Allmacht nicht ungeschehen gemacht werden, und wir werden also durch alle unsere Betrübniß und Verabscheuung es nicht dahin bringen, daß unsre schon vergangnen Sünden und Thorheiten dergestalt, so zu reden, vernichtet werden, daß es eben so gut ist, als wären sie gar nicht geschehen. Eben so thöricht ist es, wenn die Reue nicht proportionirt und stärker ist, als die geschehene Sünden verdient, oder auch schwächer, als sie es verdient. Auch in diesem Stücke seigen manchen Leute Mücken durch, und verschlucken Kameele. Mancher

cher Gelehrter kann es leicht aus dem Sinne schlagen, wenn er eine Weibsperson geschwängert, und wer weiß, wie viele Leute betrogen hat. Allein er empfindet eine quälende Beängstigung, wenn er in Barbara gefehlet, oder einen grammatikalischen Schnizer gemacht, und darüber öfentlich ausgelacht worden. — Thöricht ist es, wenn Leute verlangen, ein Sünder soll alle seine Sünden dergestalt bereuen, daß er mit den heftigsten Schmerzen bekenne, er habe um einer jedweden Sünde willen den grösten Grad der ewigen Höllenstrafe verdient, und sollte auch die Hölle noch einmal so heiß seyn. Das heißt die Sache übertreiben. Die wahre Reue befördert die Besserung aufs Zukünftige, und ist so stark, als nöthig ist, den festen Vorsaz hervorzubringen, die bereute Sache nie mehr zu thun. Ist sie stärker, als zu dieser Absicht nöthig ist: so ist sie unvernünftig; ist sie geringer: so ist sie grundlos. Herr von Leicht wird uns den besten Aufschluß hievon geben. Ich will ihn also reden lassen:

Mein

Mein Vater übergab mich einem Lehrer auf einem Gymnasio, der Geschick und Sorgfalt genug hatte, einen jungen Menschen zu bilden und das Uhrwerk seiner Seele in richtigen Gang zu bringen. Seine Augen verfolgten mich allenthalben, wo ich gieng; doch der unaufhörliche Fleiß, den ich bey Verfertigung der mir aufgegebnen Schularbeit bewieß, machte ein Aug nach dem andern an diesem Argus zu. Ohnerachtet ich es wol merkte: so verminderte sich dennoch mein Fleiß nicht, damit ich desto ungehinderter allerley Ausschweifungen mit andern ausüben könnte. Nachts spielten wir, wir stiegen über die Mauer, wir — — ohne daß es der Lehrer gewahr wurde. Ich unglücklicher zog mir die allerschändlichste Krankheit zu. Als ich unter den Händen des Wund-Arztes seufzete: versluchte ich meine Ausschweifungen mit wahrer Aufrichtigkeit, und man hatte genug an mir zu trösten. Tausendmal versicherte ich, daß ich die Tage meines Lebens diese Sünde nicht wieder begehen würde. Allein ich war wenige Monate

wie-

wieder gesund: so fieng ich mein voriges Leben von neuem an, zum gewissen Anzeigen, daß die Reue, welche blos durch Unglücks Fälle und durch Empfindungen des Uebels, so man sich zugezogen, verursacht wird, von keiner langen Dauer sey, noch die gewünschte Folgen habe. Ich besuchte die hohe Schule, nachdem ich schon 20. Jahre zurückgelegt hatte. Nach wenigen Wochen verfiel ich in eine gefährliche Krankheit, welche mir den Tod drohete. Mein StubenPursche, ein Theologe, drang in mich, den Seelsorger rufen zu lassen, welcher zwar noch jung war, aber in dem Rufe eines frommen und eifrigen Mannes stand. In meinem Leichtsinn war ich gegen alle Pastors gleichgültig, und gab auch dem würdigsten unter ihnen einen geringen Rang. Dieser eifrige Mann forschte ernstlich nach meinem vergangnen Leben, und machte alle Anstalten, daß mein Gemüte mit vielen ängstlichen und quälenden Vorstellungen angefüllt und betäubt würde, ob ich ihm gleich keine andre als geringe jugendliche Ausschweifungen eingestund.

stund. Ein andermal wollte er gar, daß ich an aller Gnade Gottes verzweifeln sollte. Die Güte des Höchsten ließ mich leben, vielleicht auf das brünstige Gebet meiner wahrhaftig christlicher Aeltern. Auch diese heftige Krankheit besserte mich noch nicht. Mein Leben war eine Kette von Ausschweifungen. Die Lehrer, bey denen ich das Recht hören sollte, waren mit der richtigen Bezahlung zufriden, und ließen mich ohne Widerrede meine eigne Wege wandeln. Als ich Proben meines Fleißes in der Rechtsgelahrheit ablegen sollte: so wich ich ihnen aus, und begab mich zu den Medicinern, welche ich gleichwol wegen ihren fürchterlichern Kunstwörtern bald wieder verließ. Mein glückliches Genie, die witzigen Einfälle, das gute Aussehen und die unglückliche Meinung, meinen Ausschweifungen freyern Lauf lassen zu können, trieben mich zu den Comödianten. Unter diesen erstach ich einen im Spiel, der mit mir von gleichen Schrot war. — ich flüchtete mich zu einer Diebsbande, bey welcher ich mich in kurzer Zeit hervorthat.

Fünf-

Fünfzehn von der Bande laurten einer Landkutsche hinter einem kleinen Walde auf, welche diese Straße nehmen mußte. Es war eine Pechschwarze Nacht. Der Himmel überzog sich mit Wetter=Wolken und der Bliz schlug in dieser Baüme einen so heftig, daß alle Aeste zersplitterten, und ich mit andern davon beschädiget wurde, Keiner aber dabey das Leben einbüßte. Hier war es, o ewige Vorsehung! wo mein Herze empfindlich gerührt, und ich zu bessern Entschliessungen gebracht wurde. Meine rohe Gesellschaft war noch immer Willens, auf die unfehlbare Ankunft der Kutsche zu warten; ich aber, ihr Anführer, führte ihnen zu Gemüte, daß die vielen Passagiers wegen anhaltenden Ungewitter nicht ausfahren würden, und nach Endigung desselben bräche der Tag an. Mein Herz war nicht eher ruhig, als bis ich diese schwarze Gesellschaft verlassen hatte. Ich begab mich in ein entferntes Land, und erkaufte mir für mein mit Sünden erworbenes Geld ein ansehnliches Landgut, dem ich den Namen
Glücks=

Glücksthal gab. Hier fieng ich an, alle Ausschweifungen zu lassen, und ein gesittetes Leben nach strengen Regeln anzustellen. Die Vorsehung führte mir noch zu mehrerer Freude eine liebenswürdige christliche Gattin zu. Es herrschte Ruhe und Zufridenheit in meinem Herzen und Hause, und wenn auch das Gewissen über der Anerinnerung der begangnen Ruchlosigkeiten zuweilen rege wurde: so geschweigte ich es bald mit diesem unrichtigen Schlusse: Weil mir Gott aus manchen schweren Krankheiten geholfen; Er mich damals, da ich in dem Walde auf das Verderben andrer wachte, durch den Bliz nicht getödtet; und ich den schlüpfrigen Pfad der Gottlosen verlassen hätte; auch izt in so glücklichen zeitlichen Umständen wäre: so müßte ich bey Gott in Gnaden seyn. Das war zu dieser Zeit die aberglaübische Stüze, worauf ich mich verließ. Der Pastor des nahgelegnen Ortes, ein wahrhaftig frommer und erfahrner Mann, besuchte mich öfters, und nahm allen Anteil an der Freude, die mir mein Glücksthal verschafte.

Er

Er fieng zwar niemal selbst an, von den Sä-
zen unsrer geheiligten Religion etwas zu reden;
sobald ich ihm aber Anlaß gab: sezte er die Unterredung mit der heitersten Mine fort. Unter
andern fragte ich ihn: was er von der Reue
hielte? ob sie denn so nöthig wäre? da doch
der Mensch nicht einmal durch alle Gnadenmit-
tel, die das Wort Gottes anpreiset, ein voll-
kommner Heiliger in dieser Welt werden kann.
Pastor antwortete: der Mensch muß seine vergangne Sünden bereuen, und sich aufs Zukünftige bessern. Wenn er nie eine Reue em-
pfände: würde er sich nie zu bessern suchen;
er würde diese Sünde bey allen Gelegenheiten wi-
derholen, und endlich so lasterhaft werden, daß
alle Besserung bey nahe ganz unmöglich würde.
Durch die Reue wird der Strom der Sünde ge-
hemmt. Sie tritt, als ein geschickter Arzt,
dem Sünder auf dem Fuße nach, und gibt
ihm wenigstens die heilsame Erinnerung, in der
Sünde nicht fortzufahren. Ob denn, versezte
ich, die Reue nicht eher rechter Art wäre, als

bis

den kam: so wurde er ganz blaß, grief nach seinem Huth und Stab, verließ mich und rief statt alles Abschieds zurück: Es ist schröcklich in die Hände des lebendigen Gottes fallen! Die folgende Nacht brachte ich in der äussersten Unruhe meines Herzens zu. Die Stüzen, worauf ich mich zuvor bey Revoltirung des Gewissens verließ, zerbrachen izt gleich morschen Stäben unter den Händen. Tausendmal drangen diese Worte aus meinem Innersten hervor: es ist nun zu spät! es ist alles verloren! ich erwartete begierigst den Anbruch des Tages. Auf meine widerholte Bitte erschien Hr. Pastor bey mir; und nachdem er nach einer langen Unterredung eine wahre Reue und Haß über meine Sünden wahrnahm: so fragte er mich: Können Sie vor dem allwissenden Gott mit Wahrheit sagen, daß Sie kein Uebel so sehr schmerze, als ihre Sünden, und daß sie nach nichts in der Welt so sehr verlangen, als von der Sünde loß zu werden: so sind sie nicht nur des Glaubens an JEsum fähig, sondern es ist auch ihre nothwendigste Pflicht, unter

dem

dem rechten Gebrauch der Mittel sich um den Glauben an JEsum zu bekümmern. Nachdem ich auch hierin mein Herz entdeckte: so fieng eine Hofnung an in mir aufzuleben, da er mir das Verlangen Gottes kund machte, welcher nicht wolle, daß jemand verloren werde. Die Einladung meines Seelenfreundes traf mein Herz und mein Verlangen nach ihm wurde täglich stärker, und ich lernte ihn den gütigen, den freundlichen Heyland aus eigner Genußvoller Erfahrung kennen. Anklage und Unruhe verloren sich, und regten sich gleich nachmals noch oft die Gewissens-Bisse: so floh ich jedes mal zu dem allerheiligsten Verdienste meines Erlösers, so daß ich mich bey allen Widerwärtigkeiten, so mein voriges Leben mir noch zuzog, der Gnade Gottes einzig getröstete. Denn ein Handelsmann, der mich in meinem Garten erblickte, und bald vor den erkannte, der ihn ehedem beraubt hatte, brachte mich nach genugsamer Erkundigung bey der hohen Landes Obrigkeit an, die mich gefangen nehmen ließ. Ehe solches geschah: bat ich den Hrn. Pastor, meinem Vater meine betrübte Lage zu benachrichtigen. In dem Gefängniß äusserte ich die Standhaftigkeit eines Christen, obgleich das Todes Urtheil über mich gefällt wurde — ich erinnerte mich aber auch noch zu rechter Zeit der Gnade, die mir von einer Gräfin, die ich mit der Diebsbande auf ihrer Reise ehemals angefallen hatte, zugesichert wurde, wofern ich ihrer Person verschonen wollte, da sie ohnehin eine gute Erziehung an mir wahrnahm. Mit meinem Vater trat auch der Abgeordnete ins Gefängniß, der mir die Gnade der erlassenen Todesstrafe auf die Fürbitte jener Gräfin überbrachte. Mein Vater fiel mir um den Hals, während mir die Feßeln abgenommen wurden. Die Unkosten meiner Gefangenschaft, die Geldstrafe, und die Wiedererstattung des geraubten Gutes liessen mir auch nicht einen Ziegel an meinem Glücksthal übrig. Mein liebreicher Vater nahm mich, meine Ehegattin und Kinder zu sich, und hinterließ mir nach seinem Tode ein ansehnliches Vermögen, wel-

welches ich fürnehmlich zur Wohlfart meiner Kinder anwandte.

Der Ort, wo sich mein Vater bisher aufhielt, war sehr volkreich; ich hingegen liebte die Einöde, weil ich beförchtete, man möchte die Brandmarke wahrnehmen, die ich mir durch meinen vorhin geführten äusserst leichtsinnigen Wandel gemacht hatte. Mein Glücksthal lag mir am Herzen. Viele Personen bekamen Anteil daran, welche das Gut an einen einzigen Mann verpachtet hatten. Ehe noch die Pachtzeit zu Ende gieng, brachte es mein wahrer Freund, der Hr. Pastor, dahin, daß ich das Gut unter gewissen Bedingungen einlösen dürfte. Mit der innigsten Rührung meines Herzens nahm ich einen stillen Einzug in mein Glücksthal, und der Hr. Pastor empfieng mich unter dem Lobe Gottes mit ofnen Armen. Seelen, welche himmlische Freundschaftsgesinnungen haben, unterscheiden sich leicht von den Pantalons, deren Freundschaften den prächtigen Wasser-Blasen gleichen, die man alle Tage häufig entstehen und wieder vergehen siehet. Ein gewißes unnennbares Gefühl, vielleicht eine Art der moralischen Sympathie, führt sie zusammen, und bindet diese heiligen Bande immer fester. Wir liebten einander von Herzen. Ich schäzte mich nun glücklicher, als alle Grosse der Erde; da ich täglich genoß, was die grosse Welt nur wenige Wochen des Jahres geniessen kann, die sich nicht schöner zu belustigen vermag, als wenn sie nach abgeworfenen Zwang das Landleben kopirt und ihren Marmorsaal mit Hain und weichen Rasen vertauscht.

Der Hr. Pastor war zugegen, als ich in einem Nebenzimmer eine Sammlung von Landkarten, und unter andern Gemälden eine päbstliche Procession, die in der Sprache des Pinsels sehr beredt ausgedrückt worden, an der Wand fest machte. Er sagte: die meisten Menschen glauben, daß man sich das Wohlgefallen und die Gnade Gottes in dem Mase erwerbe, in wel-

welchem man sich äusserlich vor ihm demütiget, lange Gebete herlieset, ihm in denselben viele Titel gibt, und zu gewissen Zeiten mit grosser Demut vor ihm niederfällt, hungert, sich geisselt, und Wallfarten übernimmt. Glaubten sie dieses nicht: so würden sie sich desto mehr bestreben, heilig, unsträflich, und mit einem unbefleckten Geiste vor ihm zu wandeln, und sie würden sich nicht darauf verlassen, daß sie bey allen groben Versündigungen ihn dennoch wieder gewinnen könnten. Die Geistlichkeit in denjenigen Provinzen des Erdbodens, wo Unwissenheit und Dummheit herrschet, und worin eine erleuchtete Religion eine Kezerey heißt, unterhält mit aller möglicher Kunst diesen dem höchsten Wesen so unanständigen und verkleinerlichen Begrif. Sie hat, da unser Erlöser den Christen weiter nichts vorgeschrieben, als daß sie Gott im Geist und in der Wahrheit anbeten sollten, ein grosses Verzeichnis von dem Ceremoniel und den vielen kostbaren und beschwerlichen Uebungen verfertiget, wodurch sie sich von den Sünden loßmachen

chen und die Gnade Gottes wieder erwerben könnten. Den Reichen gibt sie den Rath, ihre Güter Gott, oder richtiger zu reden, der Kirche und ihren Vorstehern aufzuopfern, ihre Familien arm zu machen und das Haus Gottes zu bereichern; den Vornehmen hingegen leget sie allerhand beschwerliche Uebungen und Züchtigungen auf, durch welche sie den Zorn und die Ungnade des höchsten Wesens abwenden sollten. Woferne nun der Aberglaube, fuhr der Hr. Pastor fort, in einer verkehrten und verkleinerlichen Vorstellung von dem allerhöchsten Wesen bestehet: so ist zwischen Christen, die so denken, und zwischen den Heiden kein Unterschied. Die Römer stellten, wenn sie die Götter zu einer besondern Gnadenbezeugung bewegen wollten, grosse Gastmale in den Tempeln an, und bewirteten sie auf den für sie hingesezten Polstern. Einige der dümmsten und ärmsten heidnischen Nationen aber martern sich bis auf den heutigen Tag auf die unbarmherzigste Art selber, um die verscherzte Gunst ihrer Gözen wieder zu erhalten, oder ihnen die

die

Stärke ihrer Liebe zu beweisen. Kann ein Mensch, der dieses thut, von Gottes Güte erhabne Begriffe haben? — Der Hr. Pastor fieng an, in Eifer zu gerathen. Ich zeigte ihm andre Gemälder; einen auf dem Rade ausgestreckten Ixion; den von dem Wagen gestürzten Phaeton; den Apollo, welcher seine Leyer rühret; den Jupiter, wie er auf einem Adler sizt und seine Donnerkeile schwingt. — Aber auch hiewider wußte der Hr. Pastor etwas einzuwenden: Sagen Sie mir doch, was für Vortheile hat man, wenn man zu dieser fabelhaften Zunft von Leuten geführet wird? Was für einen ädlen Begriff können sie erwecken, oder was für einen schäzbaren Eindruck in dem Gemüte lassen? Das beste, was wir von solchen Arbeiten sagen können, ist, daß die Malerey und das kostbare Schnizwerk unnüze verschwendet worden. Was nuzet uns der ganze Plunder der Mythologie! —

Nachricht aus dem Reiche des Aberglaubens.

Der Comete.

Zu dem berühmten Balthasar Bekker kamen einst die Bürger der Stadt, und fragten ihn, was der fürchterliche Stern bedeute, der am Himmel drohe? Sie hatten kaum ausgeredet: so kamen Bekkers Kinder, und fragten: Papa, was steht dort für ein schöner Stern? Die Kinder haben Recht, sagte Bekker. —

Das neunte Stück.

Das aberglaubische Feuerlöschen.

Der Feuersegen.

Feuer steh still, um Gottes Will,
Um des Herrn Jesu Christi willen!
Feuer steh still in deiner Glut,
Wie Christus der Herr ist gestanden in seinem rosin-
farben Blut!
Feuer und Glut, ich gebeut dir bey Gottes Namen,
Daß du nicht weiter kommest von dannen,
Sondern behaltest alle deine Funken und Flammen.
Amen! Amen! Amen!
Walchs Philos. Lex.

Die ganze Stadt lag in dem ersten Schlafe. Einige Gelehrte mochten noch bey tiefsinnigen

Betrachtungen wachen, und ein oder der andere Künstler nach neuen Entdeckungen forschen. Plöglich brach ein heftiges Feuer aus, worauf die Ruhe der todstillen Nacht auf einmal in ein lermendes Geräusch sich verwandelte. Ein Betrunkener taumelte mit einem brennenden Lichte an Heu vorbey, welcher den verfluchten Vorsaz hatte, sein Weib, das sich vor diesem Wüterich auf den obersten Boden ins Heu verkrochen hatte, mit einem geschärften Fleischers Messer aufzusuchen. Das Heu stand schon in Flammen, ehe jemand an eine Rettung denken konnte. Bey einem sorgloseren Schlafe erwachte ich etwas spät, und ward gewahr, daß ein Dampf in dunkelrothen Wirbeln über der Stadt sich ausbreitete, und bis zu den Wolken emporstieg. Meine Gedanken schwungen sich mit dem auffahrenden Dampfe in die Höhe: Gütiger Schöpfer! ach Gnade vor Recht; mache nicht ein Adama, nicht ein Zeboim aus dieser Stadt, darin man deines Namens gedenket! — Wie furchtbar wurde mir das Feuer! Eben das Feuer,

wel-

welches dem Menschen leuchtet, und ihn wärmet, ist auch mit genugsamen Waffen zu seinem Verderben versehen. Es richtet jämmerliche Verwüstungen an, wenn es auf den Wink oder auf die Zulassung des Höchsten aus seinen Schranken fähret. In einer kurzen Zeit wurden fünf und zulezt etlich und vierzig der anlehnlichsten Gebäude ein Raub des gefräßigen Feuers. Durch die Wuth des Feuers schmolz ehemals Sodom und Gomorra in ein todtes Meer zusammen. Diß ist das Element, dessen sich einmal der Höchste zur Zerstörung der ganzen Natur bedienen will. Und kann dieses kleine Feuer, welches ich izt vor mir sehe, und welches in dieser Vergleichung noch nicht einmal ein unter der Asche glimmender Funke ist, die Menschen so unruhig und äusserst bestürzt machen: was für ein kalter Schrecken wird sich alsdenn der gebrandmarkten Gewissen bemächtigen, wenn sie eine brennende Erde, wie Wachs zerschmelzende Berge, wie Glaß zerspringende Felßen, siedende Flüsse und Meere, wenn sie die ganze Welt im Feuer sehen,

hen, und wenn die unauslöschlichen Flammen, die sie als eine trockene Erfindung einer erhizten Einbildungskraft verlachten, in ihren unverbrennlichen Gliedern wühlen werden?— —

Indem ich diese Ueberlegungen anstellte: so öfnete mein Freund die Thüre, welcher mir zu Hülfe eilen wollte, weil die Flamme meiner Wohnung näher kam. Ich wollte aber selbst die Gefahr zuvor einsehen, ehe ich mein geringes Geräthe flüchtete. Kaum verließ ich meine Wohnung, als man den Elenden, der die Ursache des Brandes war, bey uns vorbey ins Gefängniß schleppte. Nachdem derselbe nüchtern worden, und die angerichtete schröckliche Zerstörung wahrnahm: so zog er sich selbst das geschärfte Messer durch die Kehle, und bließ seine schwarze Seele aus. Wir näherten uns dem Feuer. Die Strasse wimmelte von Menschen. Einige stunden in einer ziemlichen Weite vom Feuer mit übereinander geschlagenen Armen, sahen das Feuer mit unverwandten Augen an, und gähneten.

neten. Es waren von den trägen Seelen, die alle, auch noch so außerordentliche Begebenheiten mit kaltem Blute ansehen können, und dadurch eben so wenig als die Spiegel gerühret werden, was für Bilder auch immer auf ihrer Fläche vorgestellet werden. Ich sah an ihnen das Gedichte der Alten von dem 57. jährigen Schlafe des Epimenides zur Wahrheit werden. Wir unsers Orts hätten sie forttraumen lassen, wenn nicht die flache Säbel herbeyeilender Husaren auf ihren Rücken und Köpfen unsanft voltigirt, und sie zur Arbeit genöthiget hätten. Wir kamen zu andern, welche desto mehr Munterkeit zeigten, und mit dem Munde, mit den Augen, Händen und Füssen zugleich redeten. Einige unter ihnen, weil die ersten Tropfen Wassers bey einer überhand genommenen Feuersbrunst nicht gleichbald Wunder thaten, tadelten mit der ernsthaften Mine eines Polizeyrichters die öfentlichen Anstalten, ob sie gleich weder Lust, noch Geschicklichkeit hatten, bessere zu machen. Etnige beklagten die täglich mehr zunehmende Unwiswissenheit; sie bedaurten sehr, daß die Kunst, das Feuer zu besprechen, wovon ich hernach reden werde, verloren gegangen. Sie beehrten diese Kunst mit so vielen Lobsprüchen, daß, wenn ich mich meiner selbst nicht gar zu wohl bewußt gewesen wäre, ich hätte glauben müssen, daß ich in der Geschwindigkeit mitten aus der Christenheit unter aberglaubische Heyden wäre versezt worden. Andere liessen ihre von der Hölle entzündete Zungen noch entsezlicher wüten, als die Flammen des Vesuvs. Ihre lästernde Beredsamkeit wußte alle, auch die geringsten Ursachen zu erzählen, wodurch eben die Einwohner dieser Häuser vor vielen andern ein so trauriges Schicksal verdienet hätten. Auf andere fiel nicht der geringste Verdacht, als ob etwa eine schadenfrohe Neugierigkeit sie hieher gezogen hätte. In ihren Augen regte sich eine sanfte Thräne des Mitleidens. Sie boten den Unglücklichen auf das liebreichste an, sie in ihre Wohnungen aufzunehmen, und auch die Habseligkeiten, welche sie noch retten können, dahin

hin in Sicherheit bringen zu laſſen. Aber wie er-
ſtaunte ich, als ich ſah, daß dieſen tugendhaften Perſonen von der niedrigſten Gattung von
Leuten auf das ſchimpflichſte begegnet, und ihnen unter den härteſten Bedrohungen die niedrig-
ſte Arbeit zugemuthet wurde. Nichts iſt dem Pöbel unleidlicher, als daß er andre durch ihren
Stand und durch edle Denkungs Art über ſich erhoben ſehen muß, und er ergreift die erſte die
liebſte Gelegenheit, durch die Riegel, welche
ſeiner Tollkühnheit geſezt ſind, zu brechen, und
mit einer wilden Ungelaſſenheit ſeinen Muth zu
ſtillen. — Wir kamen zu dem Gefängniſſe, die
Kaze genannt, von deſſen Höhe ein heulendes
Geſchrey ausgieng. Es waren über ein halb Du-
zent loſe Knaben daſelbſt eingeſperrt, welche bey
der immer ſich mehr ihnen nähernder Feuersge-
fahr aus vollem Halſe um Rettung riefen, weil
ſie befürchteten, in dem Strudel der Geſchäfte
vergeſſen zu werden. Um 3. Uhr eilte der Regent
des Landes herbey. Er brannte vor Eifer, ſeinen Unterthanen zu helfen, und ſcheute die ge-

Vierte Samml.   N   fähr-

fährlichsten Oerter nicht, wenn seine Gegenwart daselbst nöthig war. Menschenliebe leuchtete aus allen seinen Blicken und Handlungen hervor. Glückseliges Land, wenn dessen Regent und Unterthanen in einem solchen Verhältnisse stehen, daß jener von einem ädlen Feuer durchdrungen, das Glück seiner Unterthanen zum Gegenstande seiner unermüdeten Sorgen und unabläßigen Bemühungen macht; und dieser Herzen Altäre sind, auf welchen täglich die Opfer der Andacht für die Wolfart ihres Fürsten und Vaters rauchen. — Eben da die blasse Demmerung sich in einer angenehmen Morgenröthe verlor, wurde das Feuer völlig gedämpft, und mit dem Lichte des Tages gieng auch den Einwohnern der Stadt nach den finstern Gefahren der traurigen Nacht das Licht der Freude wieder auf. Es geschah dieses zu S. im Jahr 1761. den 3. Aug. — —

Zigeuner, Juden, Köhler und Aschenbrenner sind die Helden, welche eine Gewalt über das Feuer haben und verhindern wollen, daß es nicht

nicht weiter, als sie wollen, um sich greifen soll. Das Leben der Zigeuner ist ein Floß von Betrügereyen. Sie geben für, die Feuerwurzel zu besitzen, welche die natürliche Kraft haben soll, zu verwehren, daß etwas angezündet werde. Ihrem Vorgeben nach bekommen sie dieselbe in grosser Menge alle Jahre aus Egypten, wo sie auf einem hohen Berge wachse. Wer merket hier nicht den Zigeuner? Diese Leute wohnen meistens in Scheunen, wenn sie auf ihrem Strich in einem Dorfe übernachten, und sind genöthiget, Feuer darin anzumachen, um ihre Speise zuzurichten, und sich für der Kälte zu schüzen. Der Eigenthümer der Scheune würde ihnen dieses nicht gestatten, wenn sie ihn nicht beredeten, es könne wider ihren Willen wegen jener Feuerwurzel weder Heu noch Stroh in Brand gerathen. Sind sie aber sorgfältig bey dem angemachten Feuer: so wird leicht eine Feuersbrunst verhütet. Auch verfertigen sie gewisse braune Kugeln, welche sie in den Hauptbalken des Hauses vernageln, dadurch es vor dem Feuer verwahret wer-

werden soll. Eben damit haben sie die Leichtgläubige zum besten, und spicken sich den Beutel. Die Seele des Zigeuners äußert plözlich ihre Schnellkraft, wenn irgendwo Beute zu machen ist.

Die Juden haben zweyerley Arten, das Feuer zu löschen, eine von ferne mit Worten, wenn sie das Feuer ansprechen; die andre in der Nähe durch eine Schrift, deren beyderseits Kraft in den aus 4. Mos. XI, 2. genommenen Ebräischen Worten: Da schrie das Volk zu Mose, und Mose bat den Herrn, da verschwand das Feuer, bestehen soll. Will einer nach der ersten Art das Feuer ansprechen: so tritt er an einen Ort, da er die ganze Flamme übersehen kann, und läßt sich eine Pfanne mit glüenden Kohlen samt einer Gießkanne voll Wassers bringen, siehet das lodernde Feuer an, murmelt die angeführte Worte ebräisch Silbenweise her, gießt bey jeder Silbe ein wenig Wasser über die glüende Kohlen, und wenn er fertig ist: so glaubt er, das Feuer müsse

müsse augenblicklich verschwinden. Nach der andern Art suchen sie mit Schriften ein Hauß zu retten, wenn es noch nicht angegangen ist, da sie mit Kreide den Schild Davids, oder die hieroglyphische Figur, welche David ihrem Vorgeben nach auf seinem Schild gehabt haben soll, oder den Namen Adonai anschreiben; so es aber schon in Brand: schreiben sie dieselben Worte auf eine Brodrinde oder auf ein Ey oder Teller, und gehen damit dreymal ums Feuer herum, ehe sie dieselbe darein werfen. Die Juden sind gar zu sehr mit dem Irrthum von der verborgnen Kraft der Worte und gewißer Caractere aus ihrer Cabbala angesteckt. Jenen biblischen Worten ist nirgends eine Kraft verheissen, das Feuer damit zu löschen, sondern woferne man sich eben desjenigen Mittels, nämlich des Gebets, bedienet, das Mose gebrauchte: so kann das Feuer nach Gottes Willen aufhören. Es ist überdiß ein entsezlicher Mißbrauch des Namens Gottes, wenn man ihn auf ein Papier schreibet, und es zu Löschung des Feuers in dasselbe wirft. Gott hat

hat das Waſſer als ein natürliches Mittel verordnet, womit man das Feuer tilgen kann. Hätten die Juden die Macht in Händen, das Feuer zu beſchwören, warum ſind ihnen ſelbſt ſchon ganze Reihen Häuſer abgebrandt? Doch auch in ſolchem Fall wiſſen ſie etwas zu ihrer Entſchuldigung zu ſagen: es muß ein verfluchtes Feuer geweſen ſeyn. Nun daß der blinde und eigenſinnige Jude in der Finſterniß kriechet: iſt wohl kein Wunder. Welch ein verwegner Schritt iſt es aber, wenn der Chriſt hierin dem Jude auf dem Fuße nachtritt, und mit einer kleinen Veränderung der Namen und Zeichen nach obigem Motto den Namen Chriſti, das Wort Conſummatum eſt, das Zeichen eines Creuzes aufſchreibet, und durch Einwerfen im Namen Gottes zum Feuerlöſchen mißbrauchet? Ich erſtaune, wenn ich folgendes Feuer-Edikt in den Leipziger Sammlungen von wirthſchaftlichen — Sachen B. I. S. 229. eingerückt finde.

Es lautet ſo: — „Fügen hiemit allen unſern nachgeſezten Beamten, adelichen Gerichts-

richtshaltern und Räthen in Städten zu wissen, und ist denselben schon vorhin bekannt, was maſſen wir aus tragender Landesväterlichen Vorsorge alles, was nur zur Conservation unsrer Landen und getreuen Unterthanen gereichen kann, sorgfältig vorkehren und verordnen. Wie nun durch Brand-Schaden viele in grosses Armut gerathen können, daher dergleichen Unglück in Zeiten zu steuren, wir in Gnaden befehlen, daß in einer jeden Stadt und Dorfe verschiedne hölzerne Teller, worauf schon gegessen gewesen, und mit der Figur und Buchstaben, die unten beschrieben, des Freytags bey abnehmenden Monden Mittags zwischen 11. und 12. Uhr mit frischer Dinte und neuer Feder geschrieben vorräthig seyn; so denn aber, wenn eine Feuersbrunst, wovor doch der grosse Gott hiesige Lande in Gnaden bewahren wolle, entstehen sollte, alsdenn solcher nur bemeldter maſſen beschriebene Teller mit den Worten: in Namen Gottes, ins Feuer geworfen, und woferne dennoch das Feuer weiter um sich greifen wollte, dreymal solches wiederholet wer-

werden soll, dadurch denn die Glut ohnfehlbar gedämpfet wird. Dergleichen Teller nun haben die regierenden Bürgermeister in den Städten, auf dem Lande aber die Schultheisen und Gerichts-Schöppen in Verwahrung aufzubehalten, und bey entstehender Noth, da Gott für sey, beschriebener massen zu gebrauchen. Hiernächst aber, weil dieses jeden Bürger und Bauer zu wissen nicht nöthig ist, solches bey sich zu behalten. Hieran vollbringen dieselben unsern resp. gnädigsten Willen. Gegeben N. N. den 24. Dec. 1742."

Die hier gedachte Figur stellet einen runden Teller vor, worauf zwey Zirkel untereinander geschrieben sind. In der Mitte aber ist eine Linie durch beyde gezogen, welche beyde Zirkel in zwey halbe Zirkel theilet, oben und unten aber aus den Zirkeln herausgehet, und sonst die Zirkel zusammenhänget. Oben siehet man auf dieser Linie ein krummes Häckgen. In dem ersten und obersten Zirkel stehet in dem halben zur Linken der la-

lateinische Buchstabe A in dem zur Rechten der Buchstabe G. In dem untern Zirkel stehet in der einen Helfte zur Linken der Buchstabe L in der zur Rechten der Buchstabe A also, daß das Wort Agla herauskommt, unter der völligen Figur aber sind die Worte: Consummatum est, und darunter drey ☩ ☩ ☩ zu sehen. Ob es den Schild Davids und seinen Hirten-Stab andeuten soll, weiß ich nicht.

Es sind in manchen Städten die treflichsten Anstalten das Feuer zu löschen gemacht, so daß man weder abergläubische noch allzukünstliche * Mittel dazu nöthig hat. Sollten alsdenn bey dem Gebrauch der besten Mittel die Flammen dennoch eine Zerstörung anrichten: so hilft das ganze Land an der Last des Verunglückten tragen, wo die weise Sorgfalt des Regenten eine Brandversicherungs-Casse zu Stande gebracht hat.

---

* S. Stuttg. Real-Zeitung auf das Jahr 1765. S. 662. f.

Nachrichten aus dem Reiche des Aberglaubens.

Der schädliche Lichtkarz.

Warum kann ich nicht die Lichtkärze nach Nova Zembla, der Grabstätte der Natur, oder in unser Sibirien auf den T. verweisen? In einem gewissen Lichtkarz kam, wie gewönlich, das liederliche Gespräch auf Gespenster u. d. Schon bey Benennung dieses fürchterlichen Namens rückte eine Dirne näher an die andere hin; Nur Eine darunter wollte mehr Muth haben, als alle die andern. Wie, warum fürchtet ihr euch? spricht sie, ich förchte mir nicht; Nur die Lebendigen können uns schaden, die Todten nicht. Zum Beweise wollte ich izt hingehen, und mich auf den Hügel des Grabes sezen, der gestern bey Beerdigung des N. N. aufgeworfen worden. Du willst uns bereden, antwortete Waldburgis; wie können wir wissen, ob du dort gewesen? Nun so will ich diese Spindel in den Grabhügel einstecken; morgen

gen sollet ihr sie am besagten Ort antreffen, und dann habe ich die Wette gewonnen. Sie geht und findet leicht den Ort, wo die Kirchhofmauer etwas niedriger war, steigt über sie weg, und steckt auch wirklich die Spindel ein.

Als sie wieder ihren Rückweg nehmen will: kann sie keinen Schritt von dem Grabe weggehen; es war, als hielte sie etwas feste; denn indeme sie die Spindel in die halbgefrorne Erde mit Gewalt eindruckte: stieß sie dieselbe ohne ihr Wissen in der Finsterniß durch ihren Schurz durch, und heftete sich damit selbst an die Erde an. Die Spindel gab nicht nach, und der Schurz konnte über die konische Form der Spindel nicht leicht loßkommen. Der Muth verläßt sie. In der Angst stellte sie sich Hände vor, welche aus dem Grabe herfürkämen, und sie in die untere Gegenden reissen wollten. Sie reißt sich mit Gewalt los. Fällt einmal über das andere über die Gräber zu Boden — Kann in dem Schrecken den niedrigern Ort der Mauer nicht finden —

lauft

läuft an ihr auf und ab — Endlich entwischt sie und kommt halbtod nach Hause. Nun schleppt sie sich vielleicht Zeitlebens mit einer beschwerlichen Krankheit. --- Lichtkärze sind das HauptNest des Aberglaubens. Wenn diese nicht zerstöret oder vielmehr besser eingerichtet werden: so brütet er ohne Unterlaß neue Thorheiten aus, und bringt sie unter die Leute.

Wirkung des Verdrußes.

Der Ungarische König Matthias starb aus Aergerniß, daß seine Bedienten die Feigen aufgegessen hatten, die er aus Italien bringen lassen. Der ganze Verlust des Leibes kettet sich an eine einzige heftige Vorstellung vermittelst der unordentlichen Bewegung des Nervensaftes. Sprüchw. Sal. XVII. 22.

Das zehnde Stück.

Geprüfte Witterungs-Regeln des Landvolks.

Baculus stat in angulo; cras pluet.

Der Kalender ist der Lauterbach der Landleute. Sie schlagen ihn bey allen Gelegenheiten nach, und citiren ihn, und was dieser sagt, ist ein Orakel. Aderlassen, Schröpfen, Ackern, säen, pflanzen, versezen u. d. sind die Titel, die in diesem Gesez-Buche obenan stehen. Auch ist darin die Witterung sehr genau bestimmt. Der

Landmann läßt 40. Tage hintereinander regnen, wenn es an einem gewissen, obgleich beweglichen, Festtage regnet; er beschreyt das Wetter, und oft muß gar der Winter vertragen haben. Nicht selten macht er bey der Bestimmung der Witterung Trugschlüsse, da er Dinge, welche zufällig nebeneinander erscheinen, als Gründe und Folgen, als Ursachen und Wirkungen eins aus dem andern erklärt, weil ihm die wahre Ursache der Veränderung verborgen ist. Wer das Wetter mit dem Kalender vergleicht, findet, daß öfters mit gewissen Abwechslungen des Mond-Lichtes und mit gewissen Aspekten der Planeten untereinander, einerley Witterung verknüpft ist; ist gleich eines des andern Ursache? ich darf nicht so schliessen: Jenen Tag hat es geregnet, diesen Tag hat es auch geregnet, heute regnet es. Jenen Tag war dieser, und heute dieser Aspekt; daher ist der Aspekt Ursache an dem Regenwetter. Denn es können auch zwey Dinge immer miteinander verknüpft seyn, entweder weil sie einerley Ursache haben, oder auch beyde öfters ge-
sche-

schehen. Wolff sagt in seiner teutschen Logik, Cap. 5. „Daß die Frösche im Frühlinge wieder anfangen zu quacken und die Bäume auszuschlagen, hat einerley Ursache, nämlich weil die Luft wieder warm wird; daher ist das Quacken der Frösche und das Ausschlagen der Bäume stets miteinander verknüpft. Wer wollte aber deßwegen schliessen, daß die Frösche durch ihr Quacken die Blätter aus den Bäumen heraustreiben?„— Ich will mir nun Mühe geben, den Grund oder Ungrund einiger Witterungs-Regeln zu entdecken, damit man dißfalls ins klare sehe.

Morgen Roth, Abend Roth. Wenn es aber Abends eine Röthe hat: so ists Morgens schön. * Die am Himmel wahrgenommene Röthe ist ein Zeichen, daß der Luft-Kreiß entweder mit dicken Dünsten oder Thauwolken, welche zu ihrer Entladung geneigt sind, angefüllt sey. Zeiget sich dieses Abends: so geschiehet es, daß die
Nachts

---

* Vergl. mit Matth. XVI, 2. Luc. XII, 54. 55.

Nachts einfallende Kälte dieselben wässerigen Dünste zusammentreibet, daß sie daher schwerer werden, und unter der Gestalt eines Thaues oder Reiffes herunterfallen; daher auf den folgenden Tag klar Wetter zu vermuthen, weil die Luft von feuchten Dünsten gereiniget und keine Materie zum Ungewitter mehr vorhanden ist. Hieraus wird auch deutlich, warum man sagt: *Es bleibet heute schön Wetter; denn es ist ein Thau gefallen.* Im Gegentheil wenn solches des Morgens geschiehet: so breitet die aufgegangene Sonne mit ihrer Hize solche Dünste gar weit aus, daß sie einen grösseren Raum einnehmen, welches nicht geschehen kann ohne die Luft fortzutreiben, und das Gleichgewicht derselben aufzuheben; oder die Dünste werden in Regentropfen aufgelöset, und also folgt ordentlich auf das Morgen-Roth des Himmels entweder Wind- oder Regen-Wetter. Diese Witterungs-Zeichen sind gleichwol in unserm Himmelsstrich sehr ungewiß, und schlagen oft fehl, weil die Winde oft über

Ver-

Vermuthen die Regenwolken vertreiben, oder bey heitern Himmel herbey führen.

Die Sonne ziehet Wasser: es wird bald regnen. So sagen die Leute, wenn sie dunkle Streiffen in der Luft sehen, die wie Piramiden oben von den Wolken her schmal, und gegen die Erde herunter breiter werden. Nun ist es gewiß, daß die Sonne kein Wasser ziehet. Weder ich, noch sonst jemand hat das Paternoster-Werk gesehen, womit die Sonne das Wasser in die Höhe ziehen soll. Diese Streiffen (Virgæ) entstehen alsdenn, wenn die Sonne, die hinter einer Wolke stehet, eine kleine Oefnung durch dieselbe bekommt, so daß sie einige Stralen durch solche auf die Erde werfen kann: so werden diese Sonnenstralen wegen dem schwarzen Wolken-Boden, aus welchem sie schiessen, in dieser grossen Camera obscura desto sichtbarer, und sie machen auch die wässerigen Dünste, die in der Luft sind, sichtbarer. Wenn ein Rauch in ein Zimmer dringet, in welches die Sonnenstralen durch die darin befindliche runde Fensterscheiben fallen: so wird der Rauch eben in solcher Gestalt erscheinen, als die Dünste, wie man sie siehet, wenn die Sonne Wasser ziehen soll. Da nun in obigem Fall die Luft voll Wasser ist: so ist sehr wahrscheinlich, daß es bald regne; wenn anders die Dünste von den Winden nicht zerstreuet werden.

Wenn ein Regenbogen stehet: so regnet es bald. Dieser Bogen erscheinet entweder gerad vor= oder nach dem Regen, und allezeit vor der Sonnen über, so daß die Sonnenstralen in den gegenüberstehenden und durch die Luft sanft herabfallenden Regentropfen sich brechen, in der hintern holen Fläche zurückgeprellt, und im Ausgange noch einmal gebrochen werden.

Der Mond hat einen Hof: das Wetter wird sich ändern. Dieser Hof kommt mit dem Regenbogen überein. Er entsteht, wenn die Luft mit gefrornen Dünsten oder Kügelchen angefüllt ist, und selbige vom Winde zwischen dem Mond und unserm Auge gehalten werden: so reflektiren sie,

daß

daß man in dem Hellen der gefrornen Körner anstatt des Lichts Regenbogen-Farben siehet.

Die Sonne gehet schön unter: es bleibet schön Wetter. Eben das sagt man auch, wenn der Mond hell ist, nach dem bekannten Verse: Pallida Luna pluit &c. Sonne und Mond haben nicht immer einerley Farbe; sie entstehet durch die Refraktion ihres Lichts in der Luft. Wenn nun die Sonne mit hellem, klarem Lichte untergehet: so wird dasselbe in der Luft durch die Refraktion nicht geändert, weil die Luft von Dämpfen und andern Ausdünstungen rein ist. Da sich nun das Wetter nicht augenblicklich ändert, sondern sich vorher die Luft unvermerklich zu verändern anfängt: so kann man nicht anders, als einen hellen Tag vermuthen.

Wenn es an Medardi, oder an Johannis-Tage oder an Mariä Heimsuchung regnet: soll es 40. Tage aneinander regnen. Es kann seyn, daß um diese Zeit die von dem Winter her zurückgebliebene Nässe und Feuchtigkeiten durch die immer

grössere Wärme nach und nach aufgelöset werden. Aber wenn Markulph so gar den Tag bestimmt und behauptet, daß, so bald es an demselben regne, die Schleussen des Himmels 40. Tage, keinen mehr noch weniger, geöfnet bleiben und Regen geben müßten: so ist das der Erfahrung ganz nicht gemäß. Gleichwol ist er für diesen Kalender-Spruch so eingenommen, daß er ihn auch auf seinen rüstigen Knaben fortpflanzt.

Der Ritter St. Georg und St. Marx bringen dem Rebwerk oft noch args. Um bemeldte Zeit, wenn diese beyde Namen im Kalender vorkommen, nämlich gegen dem Ende des Aprils, kann es noch Reiffen geben, die dem Rebwerk schaden.

Trockner Merz, nasser April, kühler May füllt Scheuren, Keller, bringt viel Heu. Wenn bemeldte Monate so beschaffen, wie es hier angezeigt: so gibts wahrscheinlich viel Frucht; denn wenn die Erde im Merz trocken ist: so läßt sie sich wol pflügen und die Saat des Sommergetreides ge-

geschiehet nach Wunsch. Durch die Nässe des Aprils kann der Saame keimen und aufgehen; und bey der Kühle des Mayes überwächset sich das Getreide nicht. Es gibt auch Heu. Bey grosser Nässe wächst kein gutes Gras; es fängt erst recht an zu wachsen, wenn der Boden sich gesezet, dabey aber locker und feucht ist. Im Frühling sind die Winde stark und trocknen zu sehr den Boden aus, wenn der April trocken ist. Ist der May zu warm: so duftet die Kraft der Pflanzen weg, und es gibt kein kräftiges Graß. Der Weinstock treibet im April Augen und schlägt im May wirklich aus. Da er aber einen starken Trieb hat, und daher viel Nahrung bedarf: so ist für ihn ein trockner Merz, feuchter April und kühler May vorträglich. Gleichwol hängen die Schicksale des Weinstocks von bemeldten Monaten nicht allein ab.

Wofern die Reben, wenn sie Frühlings beschnitten werden, stark laufen: so kommt noch rauh Wetter. Lassen die Reben vielen Saft beym

Schneiden weglaufen: so zeigt das an, daß es vor dem Schneiden schon warm gewesen, wodurch der Saft in die Rebstöcke getrieben worden. Es ist aber nicht glaublich, daß zu dieser frühen Jahres Zeit die warme Witterung anhalte; denn der April ist nicht so gut, er schneyt dem Bauren auf den Huth.

Die unvernünftigen Thiere können auch sichere Anzeichen der Witterung seyn, weil sie mehr, als der Mensch, den Sinnen und sinnlichen Eindrükken folgen. Sie geben daher durch ihre Stimmen die ihnen angenehme oder widrige Empfindung zu erkennen, und werden hierdurch natürliche Barometer, Thermometer u. s. w. Daher hält man das Krähen der Hähnen zur ungewöhnlichen Zeit für ein Anzeichen, daß das Wetter sich ändern werde, wie auch das Schreyen der Eule in der Nacht. Die Vögel, die sich in der hellern und dünnern Luft aufhalten, in welcher viele Veränderungen des Wetters ihren Anfang nehmen, ehe sie in den niedern Gegenden und der

dikdickern Luft bemerkbar sind, können durch Bewegungen und Geschrey, so dem sinnlichen Eindruck des Wetters gemäs ist, Verkündiger der Witterung seyn. Doch sind Insekten und andere Thiere, ja auch leblose Dinge hievon nicht auszuschliessen. Z. E. Wenn die Regenwürmer aus der Erde haüfig hervorkommen; die Bienen nicht aus ihren Stöcken heraus wollen oder bey selbigen in der Nähe bleiben; die Bremsen, Fliegen, Mücken, Flöhe sehr stechen; die Enten und WasserVögel untertauchen; die Spinnen hervorkommen; die Hunde Graß fressen: so sind dieß Anzeichen von einem bevorstehenden Regen. Ich muß hier auch den Barometer des Hrn. Probst Lüders anführen, den er besser und richtiger als zehen andre gefunden. Man schüttet in einen Hafen 1 — 2. Kannen saure Milch, sezet ihn auf den Feuerherd, einige Ellen weit vom Feuer, oder sonst an einen warmen Ort: so hat man täglich, wenn man alle Morgen den Topf frisch anfüllet, dicke Milch zum Essen der Menschen oder für das Federvieh. Je weisser und

und fester die geronnene Milch oben stehen bleibt, desto beständiger ist das Wetter ohne Regen. Fängt sie aber an zu sinken, und das dünne hebt sich: so kommt ohnfehlbar Regen. So wie sich nun das Dünne oder das Käswasser über die geronnene Milch viel oder wenig ausdehnet, darnach kann man das Regenmaas bestimmen. Wie die Laubfrösche die Veränderung der Witterung andeuten, ist bekannt.

Wenn die Schneegänse fliegen: so ist der Winter nahe. Die wilden Gänse merken die Annäherung des Winters, und begeben sich daher aus kleinern Wassern in grössere, die nicht so leicht überfrieren.

Der Winter hat vertragen; er wird nicht kalt. So sagt das Volk, wenn sich der Winter bälder als gewönlich, etwa vor Martini, durch Schnee oder Frost zeiget. Der Saz aber ist wider die Erfahrung.

Man beschuldiget die Leute, die an Thürmen oder im Wasser zu arbeiten haben, als könnten sie

sie das Wetter beschreyen, und so zwingen, daß es nicht regne, bis sie mit ihrer Arbeit fertig. Allein man wählet zu einer solchen Arbeit eine Zeit, wo man eine beständige Witterung vermuthet.

Noch etwas zur Belustigung des Lesers aus dem Reiche der Natur und der Sitten B. XI. S. 152. Ich habe diese Erzählung, schreibt der Verfasser, aus der ersten Quelle. Ein junger Prediger ward bey einer Dorfgemeine eingeführt. Die Bauren sollten dem neuen Pfarrer einige Rechte wieder abtretten, welche nach und nach von der Pfarre gekommen waren. Man weiß, was ein solcher Antrag bey den Bauren für Schwierigkeiten findet. Indessen sahen sie wohl ein, daß sie endlich doch den Proceß verlieren würden. Sie faßten also nach vielen wichtigen Berathschlagungen, die sie in der Schenke, dem Rathhauß der Bauren, unter dem Vorsize des Schulmeisters gehalten hatten, den weisen Schluß nachzugeben. Aber nicht ohne Vortheile. Der Schulze und der älteste Bauer hatten noch zu rechter Zeit einen vortreflichen Einfall. Sie entschloſſen ſich nämlich alles mögliche einzugehen; wofern der neue Paſtor verspräche, ihnen durch sein Gebet allemal Regen und Sonnenschein, wie ſie es nöthig hätten, zu verschaffen, und damit sogleich den Anfang zu machen. Die Abgeordnete machen dem Prediger dieſen Entſchluß bekannt, und er läßt ſich die Bedingung gefallen; verlanget aber vorher noch ausdrücklich von ihnen zu wiſſen, welche Witterung ihnen insgesamt gefällig wäre. Die Abgeordnete brachten diese Antwort wieder in die Schenke zurück, und so groß vorhin die Einigkeit war, da sie die gemeine Sache behaupteten: so sehr wurden nunmehr die Gemüter zertheilt, ſo bald es auf eines jeden besondre Vortheile ankam. Des einen Acker und Saat erforderte Regen, des andern Sonnenschein, des dritten eine andre Witterung. Kurz, die Bauren ſtritten ſich vergebens bis an den lichten Morgen. Endlich begab ſich ein Greiß, die Stüze und Zierde des Dorfes, zum Prediger, und bat ihn, es wegen der Witterung nur beym Alten zu laſſen, und dieſe Sorge demjenigen ferner zu überlaſſen, der sie bisher allein getragen hätte.

Das

Das elfte Stück.

Aberglaübische Zeiten, Wörter und Amulete.

Religiosi dies tristi omine infames dicuntur.

Gellius.

———

Leute, die einmal in dem Dienste des Aberglaubens grau worden sind, lassen sichs nimmer nehmen, daß ein Tag vor dem andern zu Ausführung eines Vorhabens an sich glücklich oder un-

unglücklich sey, und wenn man diese Bleyköpfe von dem Irrthum ab und auf die Wege der Wahrheit leiten will: so werden sie so gar noch böse. Soll aber die Wahrheit schweigen, weil der Aberglaube die Stirne runzelt? Nein, ich will vielmehr die Thorheiten, die der Tagwähler heget, so ungerne ich auch daran komme, entdekken, und den vernünftigen Leser dadurch in Stand sezen, die verblendende Materie bey andern abzuführen.

Der Gärtner und der Ackersmann sezet zur Ausstreuung des Samens einen einzigen gewissen Tag, der vor allen dazu der glücklichste seyn soll. Kinder, die an einem Sonntag geboren, sind glücklich. Der Mittwoch ist ein verworfener Tag, man darf daran kein Kalb anbinden; nicht ein und ausziehen; keine Magd in oder aus dem Dienste gehen. — Am Freytage soll man kein Kind baden, alle Weine und Essig füllen. Am Gründonnerstage soll man vor der Sonnen Aufgang dreyerley Frucht säen. So bald der Saame me so aufgegangen ist, daß er bald in die Halmen schießen kann: so wird das alles vom Boden weggeschnitten, gehackt und eine Salbe daraus gemacht, die das einzige Mittel und das wahre Specificum für alle Brandschäden ist. Wer am Charfreytage LaugenPrezeln ißt, bleibt das Jahr über von dem Fieber frey. Wenn man an Tiburtii oder Abdons Tage die Dorn und Distel aushacket, sollen sie nicht wieder wachsen. Von den Thorheiten, die am Christtag verübet werden, ist oben schon Meldung geschehen. Schreibt man am Tage Nikasii früh Morgens stillschweigend an alle Thüren des Hauses: Heute ist Nikasii Tag: so werden dadurch die Mäuse vertrieben. An Petri Tage den Hünern Nester gemacht, bringt viel Eyer. An Walpurgis Tage — — Uebrig genug!

Die Tagwählerey hat schon in den ältesten Zeiten unter den Heyden statt gefunden. Die Egyptischen Tage sind bekannt, welche von den Egyptischen Sternsehern als unglückliche angegeben

ben werden. Die Römer machten auch einen Unterscheid unter den Tagen, und unsre heydnische Christen ahmen ihnen nach. Vielleicht nur das besichte Volk? Der Capitain eines Kauffardeyschiffes in Frankreich wird sich fast nie unterstehen, am Freytag unter Segel zu gehen; und obgleich in allen Häven Befehle vorhanden sind, daß die königlich französische Schiffe alle Tage in der Woche ohne Unterscheid absegeln sollen, so bald sie reisefertig sind: so vermeiden doch viele Capitains den Freytag mit aller Sorgfalt entweder aus Herablassung gegen das Schifsvolk, oder weil sie selbst, da sie dem Tode auf einem Elemente trozen, wo alle übrige fürchterlich werden, nicht Muth genug haben, sich über ein Vorurtheil zu schwingen, das zur Schande der klugen Franzosen nur in Frankreich allein geheget wird. Es ist auf dem Lande nicht weniger gemein, als zur See. Einer der grösten französischen Generale war von dieser Schwachheit nicht frey. Was sollen doch die Thorheiten? Wer seine Werke mit Gott und gehöriger Klugheit anfangt,

dem

dem werden sie auch wol an dem unglücklichsten Tage gelingen; wer aber ohne Bedacht ins Gelach hinein verfährt, dem kann auch der glücklichste Tag zu seinem Vorhaben nicht vortheilhaftig seyn. Gott hat das Tagewählen scharf zu strafen gedroht, welche Drohung an dem König Manasse in die Erfüllung gehet.* Dennoch achten die Christen nicht darauf. Wenn ihnen ein paar Jahre an eben demselben Tag ein Glück oder Unglück begegnet: so legen sie diesem Tage eine besondre Kraft bey, und sehen ihn als eine Ursache der Dinge an, die sich darin zutragen. Die Zeit ist das Maas der Dinge, die darin vorgehen; wie die Elle, womit man etwas ausmißt, das Maas davon bestimmt. Es ist aber noch niemand eingefallen, der Elle eine geheime Kraft zuzuschreiben. Auch hat das Tagewählen nicht selten schon Schaden gebracht. Die Holländer werden am 3. Junii 1665. von den Engländern geschlagen, und verlieren 20. Schiffe.

Den

---

* 5. Mos. XVIII. 10. 12. 2. Chron. XXXIII. 6. 14.

Den vorhergehenden Tag würden sie ohnfehlbar diesen Verlust nicht erlitten haben, weil ihnen der Wind günstig war; allein sie vermeiden die Schlacht, weil sie 12. Jahre zuvor an selbigem Tage von dem General Monk, Herzogen von Albemarle, geschlagen worden*. Auch in den Haushaltungen richtet eine solche seichte Wahl der Tage nicht selten Schaden an. Die Saat geschiehet zur Unzeit, weil man die Zeit, die die Thorheit anpreiset, abwartet. Sigmund Hünerstange, an dem die reiche Weste das beste ist, wie die Zimmetrinde am Baum, wird nie gestatten, daß die Reben in seinen Weinbergen anders, als wenn in dem Kalender das Zeichen der Jungfrau ist, eingelegt werden, und daß ein Kalb, wenn es auch von der besten Art ist, in seinem Stall beybehalten werde, weil es am Mittwoch zur Welt gekommen — —

Auch

---

* S. Reflexions d'un militaire sur l'utilité de la Religion pour la conduite des Armées &c. p. 78.

Auch den Worten legt man eine aberglaübische Kraft bey, entweder durch Segensprüche etwas gutes zu erlangen, oder durch Beschwörungen das Böse abzuwenden. Die heidnischen Pfaffen gaben ihrem Gebet und Beschwörungen die Kraft, die Geister zu bannen, Flüsse aufzuhalten, die Feuchtigkeit des Mondes herabzuziehen. In die Fußstapfen der Heiden traten die Juden, und schrieben dem Worte Jehova, Jah, Adonai, Schem Hamphorasch Wunderdinge zu. Die Christen blieben hierin nichts schuldig. So bald man sie nach den ersten grossen Verfolgungen in Ruhe ließ: so sezten sie sich auf Eyer, und brüteten ein Ungeheur nach dem andern aus, und das unschuldige Volk nahm allen Quark, den die Priester vorzettelten, als Heiligthum auf. Das Wort: Jesus, Maria und das Zeichen des Creuzes mußten den Teufel flüchtig und unstät auf der Erde machen. Gewisse Sprüche der Schrift, Weihwasser, Agnus Dei, Salz, Glocken, Kräuter, Steine, Holz, Feur, Palmen, Fahnen, Brod, Fleisch, Fladen, Eyer,

Oel, Hostien, Reliquien — wurden mit einer Kraft ausgerüstet, die nur Gott und dem rechten Gebrauch seines Wortes, auch in gewissen Betracht dem betenden Christen eigen war. Hierdurch ward eine Grube entdeckt, welche die reichste Ausbeute versprach, und die man mit neuen Segensprüchen und Beschwörungen erweiterte. Man fieng an, die Waffen zu segnen, Krankheiten an Menschen und Vieh zu heilen, Raupen zu vertreiben, das Blut zu stillen. Z. E. Sanguis mane in venis, sicut Christus pro te in poenis. Aergerlichs Zeug!

Das aberglaubische Segensprechen ist eine verfluchte Handlung, so sehr man es mit dem Fürniß einer unschuldigen, ja gar heiligen Handlung, wobey Gottes Wort und Name gebraucht und seine Kraft sichtbar werde, übertünchen will. Wo ist die Verheissung, daß auch das Wort Gottes die Kraft habe, leibliche Uebel abzuwenden? Z. E. den Wurm am Finger zu heilen, Brustgeschwär zu vertreiben, den Menschen Schuß

Schuß- und Stichfrey zu machen. Wo haben die Apostel durch eine gewisse Beschwörungs Formul oder Segenspruch Teufel ausgetrieben und Krankheiten geheilet? sie thaten es bloß im Namen und in der Kraft Gottes und Christi. Wo haben sie jemals Wasser, Oel, Wachß — gesegnet und geweihet, und wo haben sie solche geweihete Stücke zum Feuerlöschen, wider Ungeziefer, Krankheiten, Gewitter und wider den Teufel selbst gebraucht? Wollen die geweiheten Priester sich allein die Gabe Wunder zu thun, die Christus den Aposteln nach Marc. XVI. 17. 18. verliehen, zueignen: so erwarte ich auch von ihnen, daß sie mit neuen Zungen reden, alle Sprachen zum Besten der Unglaubigen verstehen, und etwas tödliches ohne Schaden trinken können. Ein Segenspruch ist kein Gebet zu Gott, sondern Gott wird damit beschworen, daß er durch Christi Verdienst helfen solle und müsse. Gottes Name und Christi Verdienst werden dabey schändlich mißbraucht, und zu solchen Dingen angewandt, wozu sie nicht verordnet sind,

welches nach der Drohung des zweiten Gebotes nicht ungestraft bleibt. Man vergißt dabey den Gebrauch der rechten Mittel und sezt sein ganzes Vertrauen auf nichtswürdige Tändeleyen.

Von der Citation vor Gottes Gericht. Wenn ein Sterbender einen andern, der ihn beleidiget hat, vor Gottes Gericht fordert: so muß er auch davor erscheinen, und in der von dem Sterbenden bestimmten Zeit sterben. Welche Kraft der Worte! Es fehlet nicht an Beyspielen, die diesen Saz rechtfertigen sollen. De la Lain hat Anno 1777. eine Trauergeschichte von des Hrn. Arnauld tragischen Feder gedruckt, dazu die Kupfer selbst ein Schaudern erwecken. Es ist die Geschichte des Aegidius, Prinzen von Bretagne, des jüngsten Bruders Herzog Johannes V. Der schwache und eben deßwegen grausame Herzog ließ seinen durch Hofleute angeschwärzten Bruder wider alle Warnungen seines Oheims, des Connetable von Richmond, ins Gefängniß werfen, und zuerst fast verhungern, so daß der Prinz von

von einem Bettelweibe etwas Brod erbetteln muß te, und dann vergiften, und endlich durch Mör der erwürgen. In währender Gefangenschaft for derte der verfolgte Bruder den ungerechten Her zog vor das göttliche Gericht. Der Herzog glaub te, den blassen Schatten seines Bruders beständ ig vor sich zu sehen, und starb in der bestimmt ten Frist*. Die Geschichte hat noch mehrere Beyspiele hievon. Auch scheinet die heilige Schrift einige anzuführen 1 Mos. IV. 10. besonders 2. Chron. XXIV. 22. folgg. welche letztere Stelle aber nicht so wohl eine peremtorische Citation, als vielmehr eine prophetische Vorhersagung ent hält. Gott läßt sterben; Gott wird nach dem Verlangen des Rachgierigen die Gnadenzeit des Strafwürdigen nicht sogleich abkürzen, wel cher seinem Gerichte nie entgehen kann. War um merkt man nur solche Beyspiele an, da der Citirte in der bestimmten Zeit gestorben, und
nicht

---

* S. die Zugabe zu den Götting. gel. Anzeigen aufs Jahr 1777. St. 28. S. 441.

nicht auch solche, da der Todt nicht erfolgt? Auch kann die Lebenszeit des Citirten ohnehin zu Ende gegangen seyn. Besonders aber weiß man, daß die Angst eines wunden Gewissens zur Abkürzung des Lebens mitwirken, und ein Schrekken aus der Ewigkeit den Tod nach sich ziehen könne. Die Gedanken des Erschreckten wandern oft dahin, wo der Verstorbne ist, welcher ihm Tag und Nacht vor Augen schwebet. Die Einbildungskraft erhöhet die Lebhaftigkeit der Gedanken mit einer zauberischen Macht und gibt ihnen eine gränzenlose Stärke; alle Lebensgeister werden bey der Annäherung der Todesstunde zur Bewegung aufgeboten, sie wirken mit der grösten Heftigkeit gegeneinander; hierdurch entstehet ein Krampf und Konvulsionen, die einen Stillstand aller Bewegungen — den Tod — nach sich ziehen. Es hüte sich aber der sterbende Christ vor dergleichen Citationen, so lieb ihm die Seligkeit ist.

Das

Das Wort Abracadabra hat die besondre Wirkung, das Fieber zu vertreiben, wenn es nach seiner Art auf Pergament geschrieben, in Leinwand eingewickelt, und dem, der das Fieber hat, an den Hals gehänget wird. Serenus Sammonikus, der Arzt zu den Zeiten Kaysers Karakalla war, hat diese wichtige Entdeckung gemacht*. Mich wundert, daß sich grosse Männer Mühe gegeben, den geheimen Sinn dieses willkührlich angenommenen Worts auszuforschen, und es eben dadurch zu einem besondern Ansehen zu erheben. Es mag seyn, daß jemand das Fieber damit verloren, nur hat die Einbildung oder das gute Vertrauen darauf das beste gethan. Siehet man die Worte, sie mögen verständlich oder unverständlich seyn, nach ihrer eigentlichen Beschaffenheit: so sind sie blos ein Schall und modificirte Bewegung der Luft, die eine solche Wirkung auf den kranken Leib nicht haben können.

---

* S. Recreations philologiques, ou Melange agreable de diverses pieces. à Stoutg. 1767. Tom. II. p. 39.

nen. Siehet man aber die Worte als Zeichen an, wodurch der Mensch seine Gedanken an den Tag legt: so bringen sie zuwegen, daß ein andrer unsre Meinung verstehet; mithin haben die Worte eine moralische und nicht physische Kraft. Hat je ein Wort in solchen Fällen gute Dienste gethan: so mag die Krankheit bey nahe zu Ende gewesen seyn, oder die Natur selbst oder andre vorhergebrauchte Mittel haben sie mehrentheils gehoben.

Die Ephesische Buchstaben waren gewisse Zeichen oder Buchstaben, die man bey sich zu tragen pflegte, wenn man ringen, laufen, für Gericht erscheinen — wollte, in der Hofnung, damit seinen Widersacher zu überwinden, und alles, was man wünschte, zu erlangen. Das Pentalpha' hielte man für ein glückliches Zeichen, und legte ihm den Namen der Gesundheit bey. Es wird darum so genannt, weil es in einem Zuge fünff Alpha vorstellet; Sonst nennet man es einen Truden= Trutten= Druiden=Fuß oder Alp=
Creuz.

Creuz, und hat diese Gestalt . Unter den Heiden legte man diesem Zeichen, wo es angemalt war, Glück und Gesundheit zu; unter den Christen aber, bey denen der Steckenritt immer ausschweifender und thörichter zu seyn scheinet, will man die Hexen damit vertreiben; denn die Schreiner werden bey Verfertigung einer Wiege oder einer andern Bettstätte selten diese Figur anzumalen vergessen, um desto sicherer vor dem schädlichen Geschmeise der Hexen zu seyn. Gewiß die Welt ist mit so vielen Narren angefüllt, daß man davon die fünfte Monarchie aufrichten könnte. Um glücklich zu seyn trug man ehedem des grossen Alexanders Bildniß bey sich. Bey den Christen thun die Reliquien der Heiligen gleich gute Dienste. Die Agnus Dei, bey sich getragen, beschirmen uns in Gewittern. Das Evangelium und die Offenbarung Johannis, die Namen Gottes und Christi, die Hostie — werden aufs schändlichste mißbraucht. Als ich in Cölln war: bekam ich auch ein rothes Zettelgen, welches an die Haüpter der drey Könige gestrichen war, und für

Haupt-

Hauptweh, fallende Krankheit, Zauberey — gut ist. Gottlob, daß unter den Protestanten die starken Stralen der Wahrheit den dicken Nebel, in welchem die Papisten hin und wieder noch tappen, meistens zerstreuet haben!

Wenn je bey dem Gebrauch der Amulete einige Wirkungen erfolgt sind: so hat man sie nicht ihnen, sondern andern Ursachen, und besonders der Einbildung zuzuschreiben. Ich will ein Beyspiel anführen*. Auf die Imagination eines jungen Menschen wirkte die Hinrichtung eines Missethäters so stark, daß er denselben bey Nacht leibhaft und sichtbar vor sich zu sehen glaubte. Da keine Vorstellungen den Eindruck auszulöschen vermochten: so bemühte man sich Einbildung durch Einbildung zu heilen. Unter das Hauptküssen legte man dem Knaben ein verschloßnes Billet, welches jeden Schatten von Erscheinung zu vertreiben im Stande seyn sollte. Voll Zuversicht auf die Kraft des Zauberbillets schlief er ohne beunruhigende

---

* S. Meister über die Schwermerey. Th. 2. S. 35.

gende Traume. Nach einiger Zeit befahl man demselben, das Papier zu eröfnen, und da laß er zu seiner Beschämung, daß Aberglaube durch Aberglaube, Bilder durch Bilder verjagt worden.

Der belohnte Physiognomist.
S. Schubarts teutsche Chronik 1775. 21. Dec.

D'Argens sagte zum Könige in Preussen, er wüßte einen Geistlichen, der weissagen könnte. Möcht ihn sehen, sprach der König, und befahl, daß, sobald der Prophet kommen würde, ein zum Galgen verdammter Soldat vor seinem Zimmer Schildwach stehen sollte. Der Geistliche kommt. Er kann weissagen, redet der König ihn an, nun so sag er mir, wie lang die Schildwach da noch leben wird. Der Geistliche studirte die Physiognomie des Soldaten und sagte endlich: der Kerl wird in einem hohen Alter sterben. Lautlachend erwiederte der König, weiß er, Herr Weissager, daß ich diesen Kerl morgen henken lasse? Der Pfarrer blieb bey seinem Wort. Der Tag der Hin-

Hinrichtung brach an. Schon stand der Unglückliche am Pfahl des Todes. Eine Karosse rollte vorbey. Die Herzogin von Braunschweig und Prinzessin Amalia wollten ihren Königlichen Bruder mit einem Besuch überraschen. Halt, was gibts da? Eine Execution, Ihr Hoheit. Was hat der Kerl gethan? Er ist desertirt. Ein paar Minuten Verzug bis auf weitern Befehl.

Die Prinzessinen kamen nach Potsdam und wurden von Friedrich mit BruderFreude begrüßt. O ehe wir mehr sprechen, gewähren Sie uns eine Gnade, liebster Bruder. Sie können es thun, schwören Sie uns, wollen Sies? Besiegt von dieser zärtlichen Zudringlichkeit sagte der König: ich wills! so sprecht! wir bitten um das Leben des armen Soldaten, der so eben gehenkt werden soll! Ist er noch nicht gehenkt? sagte der erstaunte König. Ein Kurier brachte dem Missethäter das Leben und der weissagende Priester wurde königlich belohnt. — Sollte die Vorhersehungskraft, die durch die Annäherung einer wichtigen Begebenheit bey empfindlichern Seelen in Bewegung gesezt wird, gänzlich in uns erloschen seyn? Wer kennt die Tiefen der MenschenSeele?

Das

Das zwölfte Stück.

Aberglaübische Meinungen, mit den Ursachen ihrer Entstehung.

―――――

Wenn du den Narren im Mörser zerstiessest mit dem Stämpfel, wie Grüze: so liesse doch seine Narrheit nicht von ihm.

Sprüchw. Sal.

―――

Man kann Leuten, welche über ihrem Reichthum, Gelehrsamkeit oder andern Vorzügen den Schwulst haben, nicht besser helffen, als daß man ihnen den Schwären sticht, das heißt, ihnen

nen ihre übrigen grossen Fehler ganz trocken vorhält. Bey dieser schmerzhaften Operation schreyen sie gewaltig. Sie werden aber meistentheils entweder gesund oder gar rasend. Allein man operire den Abergläubigen; man suche ihn durch vernünftige Vorstellungen zurecht zu bringen, oder schütte eine siedheisse Lauge von Sarkasmen über ihn herunter: so will er Recht haben, und bleibt bey seiner Kappe, zu einem Beweiß, daß Schwachheiten des Verstandes schwer zu besiegen seyen. Belinde ist noch eben so unwissend, so abergläubisch und kindisch, als vor einem Jahr. Hätte doch Peru für das Fieber des Geistes auch eine Rinde! — — Nun der lezte Griff ins Archiv des Aberglaubens!

Die Warzen vergehen, wenn man sie mit der Hand eines Todten berühret. Es ist eine psychologische Antipathie, wenn Jemanden die Warzen und Flecke in der Haut davon vergehen, weil er sich mit der Hand eines Todten streicht; und wenn ein Blutfluß darum aufhöret, weil man einen lebendigen Frosch in der Hand sterben läßt,

oder

oder eine getrocknete Kröte unter die Achsel bindet: so rühret dieses ohnfehlbar davon her, weil man vor dergleichen Thieren einen Abscheu hat, welcher verursachet, daß sich die Gefässe der Haut zusammenziehen, und den Ausfluß des Blutes verhindern.

Wer viel Geld einzunehmen hat, der lege Kreide dazu: so können böse Leute nichts davon wieder holen. Böse Leute sollen die verdammte Kunst wissen, daß, so sie jemanden Geld auszahlen, sie es nach und nach heimlich wieder an sich zaubern können. Wenn aber jemand viel Geld einzunehmen hat, und schreibt die Einnahme und Ausgabe nicht alsobald auf, als wozu Kreide oder Bleystift in der Nähe erfordert wird, sondern glaubt, es im Gedächtniß behalten zu können: dem wird es in der Nachrechnung fehlen, besonders wenn auch das Geld nicht wohl verschlossen wird. Man mischet also zauberische Hände hier ein, damit SchreibMaterialien in der Nähe seyen ---

Wenn Rosenblätter im Bach sich nicht trennen: so wird die Ehe zu Stande kommen. Wenn der Liebhaber und die Geliebte Rosenblätter in die Bäche hinabsenken: so prophezeyhen sie sich daraus den glücklichen Ausgang ihres Romans, wenn die Blätter im Wasser unzertrennlich einander begleiten. Man siehet hieraus, daß die Leidenschaft (so wenig natürlich Verhältniß dabey statt findet) alles als Mittel zum Zweck anzusehen gewohnt ist. So lästig sind dem bewegten Herzen Zweifel und Unruhe, daß dasselbe weit eher dem willkührlichsten Zeichen nothwendige Deutung zuschreibt, als länger zwischen Hofnung und Furcht schwebet.

Der Hungerbronnen läuft; es kommt theure Zeit. In einer jeden Gegend gibt es gewisse Bronnenquellen, die nur selten Wasser haben. Fliessen sie: so ist es eine Anzeige, daß es viel regne. Ein nasser Sommer aber ist bey nahe allen Früchten der Erde schädlich; daher ist die Bauren-Regul richtig, wenn anders nicht grosser Fruchtvorrath im Lande ist: Gibt es einen nassen Som-

Sommer: so folget gern das nächste Jahr hernach eine Theurung.

Garn, das von jüngern, als siebenjährigen Mädgen gesponnen wird, ist von herrlicher Wirkung. Das daraus gewobene Tuch ist gut für die Gichter; bewahret vor Hexereyen; ist zu Hosenfutter vorzüglich brauchbar; Soldaten, die solches am Leib tragen, sind in Schlachten Stich- und Schußfrey; wenn man bey Freyschießen die Büchsen damit ladet: so gewinnt man gewiß. Ohnfehlbar ist dem frühen Garnspinnen darum eine so gute Wirkung beygelegt, damit die Töchter frühe zur Arbeit gewöhnet werden. Jung gewohnt, alt gethan.

Wenn Kinder beym Essen die Gabel in die Höhe halten, oder mit Fingern auf jemand deuten: so erstechen sie einen Engel im Himmel. Jenes kann den Kindern schaden, wenn sie sich mit der Gabel stechen; dieses ist wider den Wohlstand.

Leere Eyer muß man zerbrechen*; sonst neh-

---

* Huc pertinet ovorum ut exsorbuerit quisque calices protinus frangi, aut eosdem cochlearibus perforari. Plinius.

Vierte Samml.

nehmen Hexen Anteil an deiner Malzeit. Wo, fern nach abgenommenen Deckel des Eyes und nach Herausnehmung des Weichen das Ey unzerquetschet hingeworfen wird, daß es die Henne bekommen kann: so fängt sie an, es an der schon gemachten Oefnung anzufressen, wodurch sie gereizet wird, ihre eigne noch volle Eyer anzupacken. Wenn dem Ey aber durch Zerquetschung der Schaale die Form genommen ist: so gleicht sie dem von ihr gelegten Ey nicht mehr, folglich läßt sie das Ey unangefressen. Die witzige HausMutter hat daher die Einwerfung der Schaale ins Feuer, oder die Zerquetschung derselben nothwendig gemacht, damit im erstern Fall das Ey gar nicht der Henne zu Gesichte komme, mithin es anzufressen nicht gereizet werde; oder im andern Fall es vor ihr nicht in der natürlichen Gestalt erscheine. Die wahrsagende Priester legten ehedem beym Opfer ein Ey auf das Feuer; zersprang es, und strömte das Weiche weg: so bedeutete es dem, der sich wahrsagen ließ, entweder selbst oder seinem Hauswesen ein Unglück und Zerrüttung ---

Ein Kind, an einem Sonntage geboren, siehet Gespenster. Einige wollten Gespenster sehen; andre, die mehr Redlichkeit besaßen, sahen sie nicht. Die Ursache wurde endlich ausfindig gemacht,

macht, daß unter sieben Tagen nur ein einziger, nämlich der Sonntag, das Kind, das daran geboren wäre, in Stand seze, Gespenster zu sehen. Jezt gehöret schon mehr dazu. Kaum diejenigen, die am 29. Februar geboren werden, der doch nur alle 4. Jahr vorkommt, mögen noch etwas sehen. Künftig wird man in der ersten Viertelstunde eines Jahrhunderts geboren seyn müssen, um diesen Vorzug zu besizen. Der grosse Mosheim soll jemand im Vertrauen versichert haben, es wären in seiner eignen Familie 3. bis 4. glaubwürdige Gespenster Begebenheiten vorhanden. Er soll haben. Gesezt, er hätte wirklich: so wollte ich wohl wetten, daß zur Zeit unsrer Kinder alle grosse Männer zusammengenommen Mühe haben sollten, in ihren Familien vier, ich will nicht sagen, glaubwürdige, sondern nur nicht unwahrscheinliche Histörchen dieser Art aufzutreiben; denn die Anzahl der Gespenster-Geschichten nimmt mit jedem Jahre ab.

Wenn eine Mauß an eines Kleide naget: bedeutet es Unglück. In allweg ist es Unglück, wenn ein Kleid verderbt wird. Nach Plutarchs Erzählung kam frühe jemand zu Kato, dem er ängstlich klagte, er habe seine Hosen von Mäusen benagt gefunden, was es doch zu bedeuten habe? Kato ant-

antwortete: Es sey kein Wunder, daß Mäuse die Hosen benagt hätten; aber wenn die Mäuse von den Hosen benagt worden wären, das wäre wunderbar.

Man soll gegen den Vollmond in die Ehe treten. Cicero sagt schon: Luna graviditates & partus affert, maturitatesque gignendi. Das sagt ein Heide, warum aber die Christen?

Das Weissagen aus einer Bouteille, die mit Wasser angefüllt ist, oder die Hydromantie, ist ebenfalls aus dem Heidenthum genommen. Man nahm ein reines Gefäß mit hellem und klaren Wasser angefüllt, und rund umher brennende Fakkeln angesteckt; worauf eine schwangere Frau oder ein junges Kind, das noch in seiner Unschuld lebte, vor das Gefäß tretten, und sich eine Antwort auf die vorgelegten Fragen ausbitten mußte. Alsdenn soll sich die Gestalt desjenigen gezeigt haben, den man aufgefordert, und der von den Dingen auch wirklich geweissaget, warum man ihn befraget. Daß diese Art zu weissagen auch unter Christen noch im Schwange gehe, beweisen viele Beyspiele. Besonders S. Stuttgart. allgemeines Magazin auf das Jahr 1767. S. 46.

Wer

wer einen Diebsdaumen hat, ist glücklich. In verschiednen Raritätenkammern findet man alte in Gold und Silber gefaßte Daumen, welche vormals ohne Zweifel gewinnsüchtige Spieler bey sich getragen, und dadurch ein besondres Glück sich versprochen haben. Wirthsleute glauben, daß ein solches Glied viele Gäste herbeyziehe. Fuhrknechte lassen einen Diebsdaumen in ihre Peitsche einflechten, und schreiben ihm die Kraft zu, daß er den Wagen nie sinken lasse. --- Der Daumen ist der fürnehmste und stärkste Finger der menschlichen Hand. Fast alle Völker haben ihn hochgehalten, und sich dessen zu Sinnbildern und Deutungen bedient. Bey den Römern war das Drükken des Daums ein Zeichen der Gewogenheit. Bey den alten Teutschen galt der Daum 11. Schill. Der Nagel des Daums 3. Schill; der Zeigefinger aber nur 8. Schill. Weisse Blumen auf dem Nagel des Daums hält man für ein Glückszeichen. Verschiedne Denkmäler mittler Zeiten zeugen, daß der teutsche Adel den grossen Siegelring auf dem Daum getragen habe, worin ihm graduirte Personen oder Doktores nachgefolgt sind, ohnfehlbar darum, weil man den Daum für ein Sinnbild der Treue und Redlichkeit erkannte. Auch druckte man zuweilen in Urkunden den Daum statt eines Sigills auf. War-um um eben ein Diebsbaum? Von Dieben, die am Galgen hangen, kann man ihn leichter bekommen, als von Begrabenen, und das Galgen-Geräthe hat der Aberglaube überaus wirksam erklärt.

Wenn sich eine Krone von allerhand Farben, wie ein Regenbogen, um das Licht zeiget, und die Flamme am Tocht schwarz scheinet: so bedeutet es den Besuch eines Gastes. Vermuthlich ist man darum auf diese Gedanken gefallen, weil jezuweilen Fremde nach solchem Vorfall erschienen sind, nicht aber wegen der Schwämme am Licht, sondern wegen der Feuchtigkeit der Luft, die sie genöthiget hat, ein gastfreyes Haus zu suchen.

Die Geister rücken die Schäze unter der Erde von einem Ort zum andern fort, oder verwandeln sie auch nach Gefallen in Kohlen. Wenn die Schazgräber den Schaz, den sie ganz gewiß zu heben versprechen, nicht finden können, muß er von den Geistern aus Neid weiter gerückt oder in Kohlen verwandelt worden seyn. Eine Entschuldigung, damit man die darauf hergeliehene Unkosten nicht wieder zurückfordere. Einem gewissen Häfner mißräth seine Arbeit im Ofen

ein

ein paarmal nacheinander. Die Schwieger-Elter werden böse und bezüchtigen ihn einer Nachläßigkeit. Wie? spricht er, habt ihr die Kröte nicht gesehen, die um den Ofen herum gehüpft ist?---

Diejenigen Kleider, die am Charfreytag in die Sonne gehänget werden, bekommen keine Motten noch Schaben. Die Charwoche ist gemeiniglich noch im Monat Merz, in welchem eine heftige, durchdringende Luft wehet, wodurch die Motten und Schaben aufgetrieben werden können. Wer viel in der Merzen-Luft ist, oder auf dem Boden ligt: bekommt bald Hauptweh. Auch wird das Regenwasser in diesem Monat nicht leicht faul.

So lange die Lerche vor Lichtmeß singet: so lange schweigt sie nach Lichtmeß. Wenn es schon vor Lichtmeß warmes Wetter gibt, wodurch die Lerche zum Gesang aufgemuntert wird: so ist es sehr wahrscheinlich, daß nach dieser Zeit die kalte Witterung desto länger anhalte*, und die Lerche zu schweigen genöthiget werde.

---

* Si fol splendefcat Maria purificante,
  Maior erit glacies post festum, quam fuit ante.

Wenn es am HochzeitTage regnet: wird man reich. Die Braut darf eben nicht Danae seyn, sondern wenn es an ihrem Ehren=Tage regnet: so bekommt sie mehrere Gäste zu ihrem hochzeitlichen Essen, weil einige wegen dem Regen nicht auf dem Felde arbeiten können, andere dem Verdruß, den das Regenwetter in ihnen hervorbringt, entgehen wollen. Mehrere Gäste, mehrere Geschenke.

Wenn man Nachts zu Bette gehet und löschet das Licht so aus, daß es umgekehrt in Leuchter eingesteckt wird: so kann niemand vom Schlaf erwachen, woferne Diebe selbige Nacht ins Hause kämen. Diese Art, Lichter auszulöschen, ist schädlich, und ein also ausgelöschtes Licht ist im Fall der Noth schwer wieder anzuzünden.

Wenn am Tage Sylvester die Maulwurfs=Hügel abgetragen werden: so wirft der Maulwurf selbiges Jahr nicht mehr. Der Tag Sylvester ist der lezte Tag im Jahr.

Beym Schazgraben darf man nicht reden. Man wird über dieser verbotenen Arbeit ertappt, wenn viel geplaudert wird.

Man

Man soll den Sohn Adam, und die Tochter Eva heissen: so werden sie alt werden. Adam sollte nach seiner Erschaffung unsterblich seyn, und nach dem Fall nicht gleich sterben. Aber welcher Schluß von Adam auf andre Kinder?

Wenn ein Fremdling in ein Zimmer kommt: soll er ohne Niederzusizen nicht wieder weggehen, damit er den Kindern die Ruhe nicht hinaus trage. Es ist theils der Höflichkeit gemäß, dem Fremdling einen Stuhl zu stellen, theils wird durch den Empfang und gleichbaldigen Abschied desselben und durch Oefnung und Schliessung der Thüre das Gelerm vergrössert, und das schlafende Kind leicht erweckt.

Wenn das Kind bey der Taufe weinet: wird es nicht alt. Das Schreyen des Kindes deutet an, daß ihm etwas fehle. Wie leicht kommt noch etwas anders dazu, wodurch das zarte Gewebe seines Körpers zerrissen wird.

Die Kaze puzet sich: es kommt ein Gast. Eine lustige Erfindung, um die schmuzige Hausmutter aus ihrer Schlampampe in eine reinliche Kleidung zu treiben.

Wenn eine Henne krähet, wie ein Hahn: so bedeutet es Unglück. Terenz sagt schon im Phormion: Gallina cecinit --- Die Henne krähet, wenn sie fett wird, und höret auf, Eyer zu legen, welches für die Haushaltung unglücklich und schädlich ist.

Das Vieh kränkelt; es ist ihme von bösen Leuten gemacht. Es ist höchst unverantwortlich, wenn z. B. ein Marktschreyer oder Vieharzt zwar durch ganz natürliche Mittel ein Gebrechen an Menschen oder Vieh weghebt, dabey aber um entweder seine Kunst verborgen zu halten oder sie desto wichtiger zu machen, Geberden, Worte und Figuren einmischet, die eigentlich zur Heilung nichts thun, obschon er dieselbe als Hauptursachen, als übernatürliche HilfsMittel feil beut. Nicht nur wird so der Fortgang der Naturkunde und Arzneykunst gehindert, sondern auch die natürliche Ordnung der Vorsicht verworfen.

Wer früh nieſſet, kriegt selbigen Tag etwas geschenkt. Man hielt ehedem den Schnuppen für etwas heilsames; freilich ists besser, sagt Tiſſot, einen Schnuppen als eine schlimme Krankheit zu haben; aber weit besser wäre es keine zu haben. Wenn man also Morgens öfters nieſſet: so ist ein Schnuppen um den Weg, welches meinetwegen ein andrer für ein Geschenk halten kann. Wie viele sagen, wenn jemand genießt hat; zur Gesundheit! oder, Gott helffe! und sind doch so unglücklich, daß sie nicht wissen, wenn dieses

Com-

Compliment zuerst Mode worden. Die Meisten, welche den Ursprung der Moden aufgesucht, geben vor, daß im Jahr Christi 577. unter dem Pabst Pelagius II. eine allgemeine Seuche in Europa geherrschet, bey welcher die Leute über dem Niessen plözlich umgefallen wären; allein sie irren sich. Die Mode schreibt sich vom Kayser Tiberius her, denn er ließ einen scharfen Befehl ergehen, daß, wenn Ihro Majestät durch Rom führen und niessten, ihnen jedermann einen Salutem bieten sollte*. Die Alten machten aus allen Kleinigkeiten gute oder böse Bedeutung, und der Wunsch beym Niessen wollte also so viel sagen: Gott lasse es etwas gutes bedeuten!

Wenn ein Selbstmörder in dem Kirchhof begraben wird: so werden in den darauf folgenden Jahren die Früchte des Landes in jener Gegend nicht wohl gerathen. Diese Meinung hat wohl zum Theil ihren Grund in dem Gedanken, daß ein Selbstmörder, der nach seinem Tode durch ein unehrlich Begräbniß nicht gestraft wird, den Fluch über das Land bringe.

Gar nichts von der Physiognomie? Man kann nicht in Abrede seyn, daß manchen Menschen

---

* S. Plinius Naturgeschichte B. 28. Cap. 2. Memoires de l'academie des Inscriptions & des belles Lettres de Paris T. V. p. 429. Ed. Amstel. 1731.

ſchen die Falſchheit, Verlogenheit, Liſt, Tumm‑
heit, aber auch das Gegentheil aus dem Angeſich‑
te herausſiehet. Aus dem blizenden und vagiren‑
den Auge der Meleſinde merkt man bald, daß ihr
Herz auf Execution ausgeht. Eine Bildung iſt
redender als die andre. Maurevel wird bald in
England für den erkannt, der den Admiral Co‑
ligny erſchieſſen wollte. Die Königin Eliſabet
pflegte den Ausſpruch eines alten Weltweiſen zu
wiederholen, daß eine gute Geſichtsbildung ein Em‑
pfehlungs‑Schreiben ſey. Hr. Prof. Hennings
hat in ſeiner Abhandlung: Von den Ahndungen
und Viſionen, ſein Urtheil über die Lavateriſche
Phyſiognomie gegeben, welches nachgeleſen zu
werden verdient.

Dem Vater des Lichts ſey Ehre!

Corrigenda.

In der zweiten Sammlung S. 209. lin. 21. für
    Vos lies Vox.
In der dritten: S. 8. lin. 3. für Prof. Seder lies
    Georg Chriſtian Raff.

www.ingramcontent.com/pod-product-compliance
Lightning Source LLC
Chambersburg PA
CBHW021405230426
43666CB00006B/642